A Developer's Essential Guide to
Docker Compose

Simplify the development and orchestration of multi-container applications

도커 컴포즈 (Docker Compose) 개발자 핵심 가이드

멀티 컨테이너 애플리케이션과
오케스트레이션의 단순화

A Developer's Essential Guide to Docker Compose
by Emmanouil Gkatziouras

도커 컴포즈 (Docker Compose) 개발자 핵심 가이드

인 쇄 : 2024년 6월 10일 초판 1쇄
발 행 : 2024년 6월 17일 초판 1쇄

역 자 : 나연묵 · 박기웅 · 최종무
발행인 : 송 준
발행처 : 도서출판 홍릉
주 소 : 01093 서울시 강북구 인수봉로 50길 10
등 록 : 1976년 10월 21일 제5-66호

전 화 : 02-999-2274~5, 903-7037
팩 스 : 02-905-6729
e-mail : hongpub@hongpub.co.kr
http://www.hongpub.co.kr
ISBN : 979-11-5600-205-5(93000)

정 가 : 29,000원

낙장 및 파본은 구입처나 본사에서 교환하여 드립니다.

A Developer's Essential Guide to Docker Compose

Simplify the development and orchestration of multi-container applications

도커 컴포즈 (Docker Compose) 개발자 핵심 가이드

멀티 컨테이너 애플리케이션과
오케스트레이션의 단순화

Emmanouil Gkatziouras 지음

나연묵 · 박기웅 · 최종무 공저

도서출판 홍릉

역자소개

나연묵

- 단국대학교 컴퓨터공학과 교수
- 서울대학교 컴퓨터공학과 공학박사
- 한국정보과학회 회장
- 전 한국차세대컴퓨팅학회 회장
- 전 한국정보과학회 데이터베이스소사이어티 회장
- 관심분야: 클라우드 기술 스택, 클라우드 기반의 빅데이터 처리, 데이터 센터, 대용량 분산 처리, 데이터 마이닝, 데이터베이스

박기웅

- 세종대학교 정보보호학과 교수
- KAIST 전기및전자공학과 공학박사
- Microsoft Research Graudate Research Fellow
- 한국정보보호학회, 차세대컴퓨팅학회 이사
- 관심분야: 시스템 보안, 클라우드 컴퓨팅 보안, 초고속 보안시스템, 클라우드 플랫폼(OpenStack), 클라우드 보안

최종무

- 서울대학교 컴퓨터공학과 공학박사
- CMU(Carnegie Mellon Univ.), UCSC(Univ. of California, Santa Cruz) 방문 연구원
- 정보과학회, 정보처리학회 논문편집위원, 이사
- 관심분야: 가상화, 시스템 소프트웨어, 모바일 스토리지, 시스템 무결성 및 보안

이 책을 런던의 놀라운 기술 커뮤니티에게 바친다.
런던의 활발한 기술 커뮤니티와 그 생태계가 저자로 하여금 가장 최신의 동향을
파악하도록 도와주고, 동기를 부여하고, 위대한 엔지니어들과 교류하도록 해주었다.
또한, 이 책을 Yapily의 저자의 동료들에게 바친다.

기여자

저자 소개

엠마누일 그카치오우라스는 University of Patras에서 컴퓨터 공학 및 정보학과를 전공하면서 소프트웨어 공학 경력을 시작하였다. 그 이후로 다양한 회사에서 소프트웨어 공학자로 근무하였다. 2015년에 Oseven에 합류하여 AWS와 Azure와 같은 클라우드 제공자와 협업하고, ECS와 Kubernetes와 같은 컨테이너 오케스트레이션 도구를 다루기 시작하였다. 그는 다양한 역할을 수행하였으며 최근에는 플랫폼 팀을 위한 클라우드 아키텍트 역할을 수행하였다.

그는 InfluxDB, Spring Cloud GCP, Alpakka와 같은 오픈 소스 프로젝트에 대한 기여, 다양한 소프트웨어 토픽에 대한 블로깅을 통해 개발자 커뮤니티에 도움을 주는 것을 즐기고 있다. 그는 지속적인 학습을 수행하는 사람으로 CKA, CCDAK, PSM, CKAD, PSO와 같은 자격증의 보유자이다.

나는 매일의 책임과 우선순위 상에서 나에게 시간을 주고 이 책을 저술하는데 필요한 지원을 제공한 것에 대해 나 자신에게 감사한다. 또한 이 책을 저술하는 동안 인내심을 보여준 내 파트너 Viv에게 감사하고, 나를 지원해준 Packt의 편집 팀 Romy Dias, Ashwin Dinesh Kharwa, Niranjan Naikwadi 모두에게 감사한다.

검수자 소개

Werner Dijkerman은 프리랜스 클라우드, Kubernetes(공인), DevOps 공학자이다. 그는 현재 AWS, Ansible, Kubernetes, Terraform과 같은 클라우드-네이티브 솔루션과 도구에 집중적으로 작업하고 있다. 그는 또한 모든 일을 자동화하고 수작업과 유사한 일을 피하겠다는 열정으로 IaC(Infrastructure as Code)와 정확한 "대상(thing)"을 Zabbix, Prometheus, ELK Stack과 같은 도구로 모니터링하는 일에 집중하고 있다.

Ernst Vorsteveld에게 매우 감사드리고, 포옹과 찬사를 보낸다.

머리말

이 책은 도커 Compose의 기초와 그 활용을 설명한다. 여러분은 Compose를 이용하여 도커 컴포넌트를 활용하는 방법을 Compose 명령어, 그들의 목적, 그들의 유즈 케이스와 더불어 보게 될 것이다. 또한, 일상적인 활용을 위해 데이터베이스를 설정하고, 도커 네트워킹의 능력을 올리고, 마이크로서비스간에 통신을 설정하는 방법을 살펴볼 것이다. 전체 스택을 지역적으로 Compose 상에서 실행하고, 제품 환경을 시뮬레이션하고, 도커 Compose를 이용해 CI/CD 작업을 강화하는 방법을 배울 것이다. 마지막으로, 제품 전개상의 도커 Compose, AWS와 Azure와 같은 퍼블릭 클라우드 상의 인프라구조 프로비저닝과 같은 고급 토픽들을 배우게 될 것이고 쿠버네티스 오케스트레이션 엔진으로 이동하는 방법을 살펴보게 될 것이다.

이 책의 대상

이 책은 도커 오케스트레이션 엔진이나 관련 전문지식 없이 Compose를 이용하여 다중 컨테이너 도커 응용을 설정하려고 하는 소프트웨어 엔지니어, 개발자 지원자, DevOps 엔지니어를 위한 것이다. 또한 도커 Compose를 이용하여 복잡한 개발 환경을 지역적으로 프로비저닝하는 일을 효율적으로 처리해 조직의 소프트웨어 팀의 생산성을 증가시키려고 하는 팀 리더를 위한 것이다.

이 책의 기술 범위

1장 도커 Compose 입문은 Compose가 동작하는 방법에 대한 개관과 다양한 활용 분야를 설명한다. 도커 Compose 파일 포맷에 대한 간단한 설명과 함께 Compose 실행 예제가 주어진다.

2장 Compose를 이용해 첫 응용 실행하기에서는 Redis 데이터베이스와 상호작용하는 간단한 Golang 응용을 생성하는 방법을 보인다. 이 장의 끝에서는 Compose를 통해 다중-컨테이너 응용의 실행을 관리하게 될 것이다.

3장 네트워크와 볼륨 핵심에서는 도커 볼륨과 네트워크 기초로 빠져든다. 이 장의 끝에서는 기존 응용을 위해 네트워크를 정의하고 사용하게 될 것이다.

4장 도커 Compose 명령어 실행에서는 Compose 명령들, 그 목적, 그 유즈 케이스를 살펴본다.

5장 마이크로서비스 연결에서는 새로운 마이크로서비스의 생성을 살펴본다. 이 장의 끝에서는 동일한 네트워크와 그들간에 설정된 연결성 안에서 새로운 마이크로서비스를 개발하게 될 것이다.

6장 프로메테우스로 서비스 모니터링하기에서는 모니터링 솔루션인 Prometheus의 지원으로 서비스를 모니터링하는 방법을 배운다.

7장 Compose 파일 결합하기에서는 Compose 파일을 모듈화하고 이를 다중 파트로 분리하는 방법을 살펴본다.

8장 로컬에서 최종 시스템 시뮬레이션하기에서는 로컬 환경에서 제품을 부분적으로 또는 전체적으로 시뮬레이션하는 것을 목표로 하는 복잡한 Compose 환경설정을 구성한다.

9장 고급 CI/CD 태스크 생성하기에서는 Compose를 이용한 시뮬레이션 케이스를 통해 고급 CI/CD 태스크를 생성하는 방법을 보인다.

10장 원격 호스트를 이용한 도커 Compose 전개에서는 Compose를 이용하여 원격 호스트로 전개하는 방법을 다룬다.

11장 AWS에 대한 도커 Compose 전개에서는 ECS를 사용하여 AWS 상의 전개를 달성하기 위해 Compose에 대해 요구되는 지식을 활용하는 방법을 다룬다.

12장 도커 Compose의 Azure에 대한 전개에서는 다른 대중적 클라우드 제공자인 Azure에 초점을 맞춘다. 이 장의 끝에서는 Azure ACI에 대한 전개를 달성하게 될 것이다.

13장 Compose를 이용한 쿠버네티스 구성으로의 이동에서는 Compose 파일을 쿠버네티스 전개로 변환하는 방법을 설명한다.

이 책에서 최대한 가져가는 방법

독자는 컨테이너 방법을 이해하고 있어야 하며 기초적인 도커 지식을 지녀야 한다. 또한 쉘 스크립트 사용이 가능해야 한다. 이상적으로 UNIX 워크스테이션이 이 책을 배우기 위한 최고의 옵션이 될 것이다. 이 책에 나오는 대부분의 코드와 명령어는 Windows 머신에서도 실행될 수 있을 것이다.

이 책에서 커버하는 소프트웨어/하드웨어	운영 체제 요구사항
도커, 도커 Compose, AWS, Azure	Windows, macOS, 또는 Linux
Bash	Linux

이 책의 디지털 버전을 사용하는 사용자의 경우, 코드를 사용자가 직접 입력하거나 이 책의 GitHub 리포지토리(링크는 다음 절에서 제공)에서 코드를 접근할 것을 권장한다. 그렇게 하는 것이 코드를 복사하고 붙이는 데서 발생할 수 있는 잠정적 에러를 피하는데 도움이 될 것이다.

예제 코드 파일의 다운로드

이 책의 예제 코드 파일은 GitHub `https://github.com/PacktPublishing/A-Developer-s-Essential-Guide-to-Docker-Compose`에서 다운로드할 수 있다. 이 코드에 대한 변경 발생시 GitHub 리포지토리에서 변경될 것이다.

본 출판사의 책과 비디오의 전체 카탈로그, 다른 코드 번들은 `https://github.com/PacktPublishing/`에서 구할 수 있다.

칼라 이미지의 다운로드

이 책에서 사용한 화면과 다이어그램의 칼라 이미지를 PDF 파일로 제공한다. `https://packt.link/kD3i4`에서 다운로드할 수 있다.

표기 방법

이 책을 통해 사용된 텍스트 표기법은 다양하다.

텍스트의 코드(Code in text): 텍스트의 코드 단어, 데이터베이스 테이블 이름, 폴더 이름, 파일 이름, 파일 확장, 경로 이름, 더미 URL, 사용자 입력, 트위터 핸들을 표현한다. 예를 들면 "생성된 nginx.conf 구성 파일을 사용자 시스템의 다른 파일로 마운트"와 같다.

코드 블록(block of code)은 다음과 같이 설정된다.

```
type Task struct {
Id          string `json:"id"`
Name        string `json:"name"`
Description string `json:"description"`
Timestamp   int64  `json:"timestamp"`
}
```

코드 블록의 특정 부분에 독자의 관심을 끌려고 하는 경우 관련된 라인이나 항목은 굵은 글자로 표시된다.

```
services:
  redis:
    image: redis
    ports:
      - 6379:6379
```

명령어-라인 입력이나 출력은 다음과 같이 표시된다.

```
$ curl --location --request POST 'localhost:8080/task/'
$ cat /etc/nginx/nginx.conf
```

굵은 글자(bold): 새로운 단어, 중요 단어, 화면에서 보이는 단어를 나타낸다. 예를 들어, 메뉴나 대화 상자안에 등장하는 단어는 굵은 글자로 나타난다. 예를 들면 다음과 같다. "Administration 패널에서 System info를 선택하라."

> **팁 또는 중요한 노트**
> 다음과 같이 나타난다.

연락 방법

독자로부터의 피드백은 항상 환영합니다.

일반적 피드백: 이 책에 대해 어떠한 형태라도 질문이 있을 경우 customercare@packtpub.com으로 이메일을 보내고 메시지 제목으로 책의 제목을 언급해주기 바랍니다.

에러(errata): 이 책의 내용의 정확성을 위해 주의를 기울였지만 실수는 발생할 것입니다. 이 책에 대한 실수를 발견한 경우 이것을 보고해주시면 감사할 것입니다. www.packtpub.com/support/errata를 방문해서 양식을 채워주시기 바랍니다.

해적본(piracy): 인터넷에서 어떠한 형태라도 이 작품의 불법적 사본을 발견한 경우 위치 주소와 웹사이트 이름을 제공해주면 감사를 드릴 것입니다. copyright@packt.com으로 해당 링크와 함께 정보를 제공해주기 바랍니다.

저자가 되는데 관심이 있는 경우: 전문지식을 가진 토픽이 있거나 책의 저술이나 기여에 관심이 있는 경우 authors.packtpub.com을 방문하기를 바랍니다.

독자의 생각의 공유

이 책을 모두 읽으신 여러분의 생각을 듣고 싶습니다. 아래의 QR 코드를 스캔하면 Amazon 리뷰 페이지로 바로 이동해 여러분의 피드백을 공유할 수 있습니다.

https://packt.link/r/1803234369

여러분의 리뷰는 본 출판사와 테크 커뮤니티에 중요하며 본 출판사가 출중한 양질의 내용을 전달하고 있는지를 확인하는데 도움이 됩니다.

차례

Part 1 도커 Compose101

CHAPTER 12

CHAPTER 13

Part
1

도커 Compose101

이 파트에서는 도커 Compose에 대해서 소개하고, 내부적으로 어떻게 작동하는지를 알아볼 것이다. 우리는 Compose를 활용하여 여러 응용들을 개발하고 배포할 것이며, 이를 통해 Compose에 익숙해질 것이다. 또한, 매번 사용되는 Docker의 컨셉들(예를 들어 네트워킹이나 볼륨)이 어떻게 Compose로 연결되는지 알아볼 것이다. 마지막으로 사용 가능한 Compose 명령어들을 전반적으로 살펴보고, 이들을 실행시키는 데 익숙해질 것이다.

이 파트는 다음 4개의 장으로 구성된다:

- 1장 도커 Compose 입문
- 2장 Compose를 이용해 첫 응용 실행하기
- 3장 네트워크와 볼륨 핵심
- 4장 도커 Compose 명령어 실행

CHAPTER 1

도커 Compose 입문

Docker의 사용은 일상적인 개발과 배포에 빠르게 퍼져나가고 있다. 어쩌면 이미 도커 Compose에 대해 읽어보거나, Docker 관련 문서를 검색하는 도중 우연히 접해보거나, 혹은 사용해보았을 수도 있다(만약 아니라고 해도 문제없다. 이 책에서부터 시작하면 되니까).

매일같이 개발이 복잡해지면서, 하나의 응용이 두 개 이상의 소프트웨어 컴포넌트와 상호 호환 되는 것이 흔해졌다. 또, 인기가 점차 증가하는 응용들은 워크로드를 나누고 확장성을 향상시킬 필요성이 증가하고 있다. 다중 소프트웨어 컴포넌트에 대한 책임과 함께, 로직의 분리 또한 시급하게 요구되고 있다. 이러한 요구들을 만족하기 위하여 Docker가 제안되었다. 구체적으로 Docker는 응용 워크로드들의 컨테이너화, 관리, 격리 등을 쉽게 지원할 수 있는 해결책들을 제시해주었고, 최신 다중 컨테이너 응용의 개발과 배포를 돕는데 사용된다.

도커 Compose가 각광받는 이유는 간단하면서도 효과적인 도구이기 때문이다. 도커 Compose는 다중 컨테이너 응용들이 마주하고 있는 어려운 과제들을 해결하고, 매일같이 행해지는 개발의 효율성을 높일 수 있는 특징들을 제공한다. 도커 Compose는 개발 생명 주기에 활용되는 것뿐만 아니라, 운영환경의 배포에 대해서도 성공적인 옵션이 된다. 이는 초기 로컬환경 개발과 실제의 운영환경 배포 사이의 공백을 채워 줄 수 있고, 이 능력은 Kubernetes과 같은 오케스트레이션 엔진으로의 부드러운 전환에도 이용될 수 있다.

이 장에서는 Compose 개괄과 작동 방법, 그리고 일반적인 유즈 케이스들에 대하여 전반적으로 살펴볼 것이다. 이를 위하여, 우선 Docker Compose를 설치하고, 우리가 선택한 소프트웨어 컴포넌트를 실행하기 위해 첫 Compose 파일을 만들 것이다. 또, Compose의 파일 형식에 대해서 더 알아보면서, 추가적인 설정을 적용하거나 우리들의 로컬 이미지로 사용할 것이다.

이 장에서는 다음의 주제들이 다뤄질 것이다:

- Docker Compose 소개와 용도
- Docker Compose 설치
- Docker Compose의 작동 이해하기
- 첫 Docker Compose 파일
- Docker Compose에서 당신의 Docker 이미지 사용하기

1.1 기술적 요구사항

이 책의 코드는 GitHub(`https://github.com/PacktPublishing/A-Developer-s-Essential-Guide-to-Docker-Compose`)에서 내려받을 수 있다. 코드에 대한 업데이트가 있으면 GitHub 저장소에도 동시에 업데이트될 것이다.

1.2 도커 Compose 소개와 용도

위에서 말했듯, Docker Compose는 다중 컨테이너 Docker 응용을 정의하고 실행하는 도구이다. 그리고 그 환경설정은 YAML파일을 이용하여 만들어진다. 또한 **Docker Compose CLI** 유틸리티를 통해 Docker Compose에 의해 관리되는 컨테이너들을 준비하고 연산을 실행할 수 있다.

다음은 Compose가 제공하는 특징들의 목록이다:

- 하나의 호스트에 복잡한 다중-컨테이너 응용프로그램

- Docker 워크로드들의 격리
- 부트스트래핑과 복잡한 응용프로그램의 배포
- 다양한 환경
- 응용프로그램의 변화에도 데이터를 보존할 능력
- 응용프로그램 버전을 업데이트하는 능력
- 환경 구성
- 재사용 가능한 환경설정
- 복잡한 운영환경의 시뮬레이션
- 운영 응용의 배포

이 책에서는 위의 설명한 특징들을 광범위하게 알아보고, 이를 통해 어떤 장점을 얻을 수 있는지 평가하며, 우리의 개발 과정에 이러한 장점들을 포함하는 방법을 다룰 것이다. 다음 절에서는 우리가 선택한 운영체제를 이용하여 Docker와 Compose를 우리의 워크스테이션에 설치해 볼 것이다.

1.3 도커 Compose 설치

Docker Compose와 Compose CLI 모두 프로그램 언어 중 하나인 Go를 사용하여 만들어졌다. Compose는 리눅스(Linux), 윈도우(Windows), 그리고 맥(macOS)이라는 3개의 주요 운영체제에서 실행될 수 있다. Compose로 다중-컨테이너 Docker 응용프로그램을 관리하기 때문에, Compose를 사용하려면 Docker의 설치가 선행되어야 한다.

Docker 데스크탑

맥과 윈도우에서는 **Docker 데스크탑**이라는 설치 옵션을 사용할 수 있다. Docker 데스크탑은 로컬 머신에 Docker를 세팅하는 과정의 복잡성을 줄여준다. 이는 호스트에 Linux **버츄얼 머신(VM)**을 만들어주고, 파일시스템와 네트워킹과 같은 OS의 기능과 컨테이너의 상호작용을 지원한다. 이 한 번의 클릭으로 이루어지는 간단한 설치를 통해, Docker CLI와 같은 필수적인 도구들도 함께 설치된다. 이렇게 설치되는 도구 중 하나가 바로 Docker Compose이다. 결국, Docker 데스크톱을 설치하는 것은 워크스테이션에서 Compose를 사용하여 Docker 엔진과 상호작용할 능력을 제공해주는 것이다.

Docker 설치

워크스테이션에 적절한 Docker 배포판을 설치하기 위해서는, 아래와 같은 사이트를 사용하면 된다:

- 맥을 위한 Docker 데스크탑:
  `https://docs.docker.com/desktop/mac/install/`
- 윈도우를 위한 Docker 데스크탑:
  `https://docs.docker.com/desktop/windows/install/`
- 리눅스를 위한 Docker 엔진:
  `https://docs.docker.com/engine/install/`

맥

애플은 두 가지 타입의 프로세서를 워크스테이션에서 제공한다: 인텔 프로세서, 애플 프로세서. Docker는 둘 모두에 설치 옵션이 있다. 다운로드가 끝나면, 인스톨러를 클릭하여, 아래의 그림처럼 Docker 응용을 끌어다 놓을 수 있다.

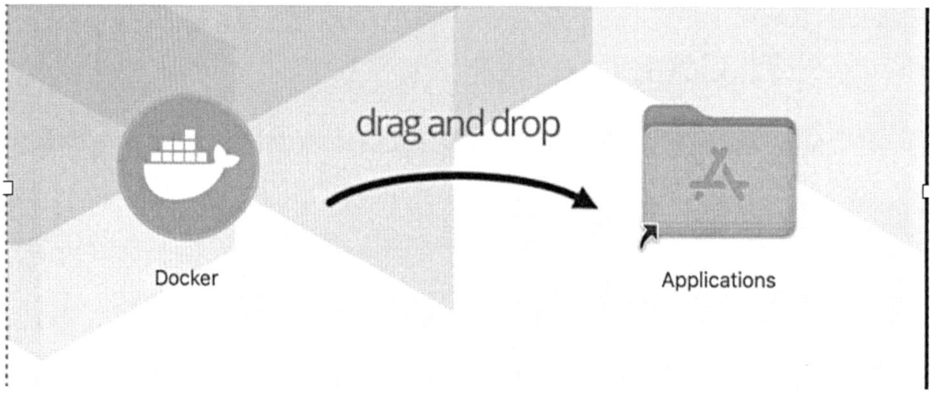

그림 1.1 – 맥에 Docker를 설치하는 법

Docker가 설치되면, `hello world` 명령어를 실행해 설치 상태를 확인할 수 있다:

```
$ docker run --rm hello-world
Unable to find image 'hello-world:latest' locally
latest: Pulling from library/hello-world
93288797bd35: Pull complete
```

```
Digest: sha256:97a379f4f88575512824f3b352bc03cd75e239179eea
0fecc38e597b2209f49a
Status: Downloaded newer image for hello-world:latest

Hello from Docker!
This message shows that your installation appears to be working
correctly.
..
```

추가적으로, Compose가 설치되었는지 확인해야 한다:

```
$ docker compose version
Docker Compose version v2.2.3
```

이제 윈도우에 설치하는 방법을 알아보자.

윈도우

맥과 동일하게, Docker 데스크탑이 OS에 사용할 준비가 된 채로 설치되어 있어야 한다. 이를 위해 EXE 설치 파일을 다운하여 클릭하면, Docker가 지원 프로그램들과 함께 설치될 것이다. 작업이 끝나면, 윈도우를 위한 가상화를 활성화하기 위해 몇몇의 추가적인 환경설정들이 적용되어야 한다.

윈도우에서는 사용되는 백엔드가 *WSL 2 backend* 또는 *Hyper-V* 가능하다. 어떤 백엔드를 사용하던 가상화를 활성화하기 위해서는, 아래의 그림과 같이 BIOS를 통해 가상화를 활성화해야 한다.

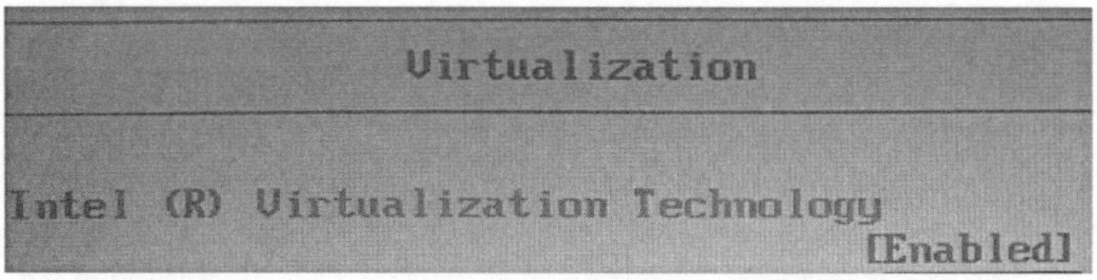

그림 1.2 – BIOS를 통해 윈도우에서 가상화 활성

또한, 윈도우에 로그인한 후 상응하는 가상화의 특징들도 활성화해야 한다. WSL 2에서는 아래 그림처럼 Virtual Machine Platform 특징과 Windows Subsystem for Linux 특징

을 활성화해야 한다:

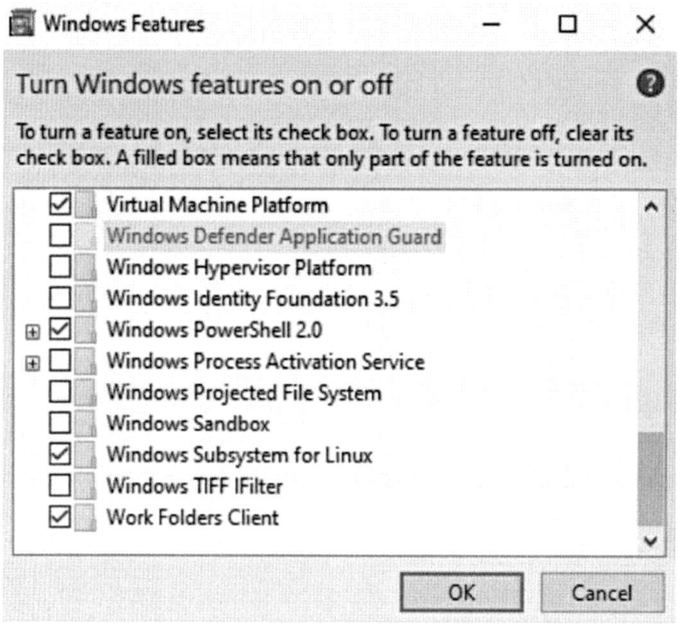

그림 1.3 – WSL 2(를 위한) 가상화 활성

한편 Hyper-V에서는 아래 그림처럼 **Hyper-V**를 활성화 해야 한다:

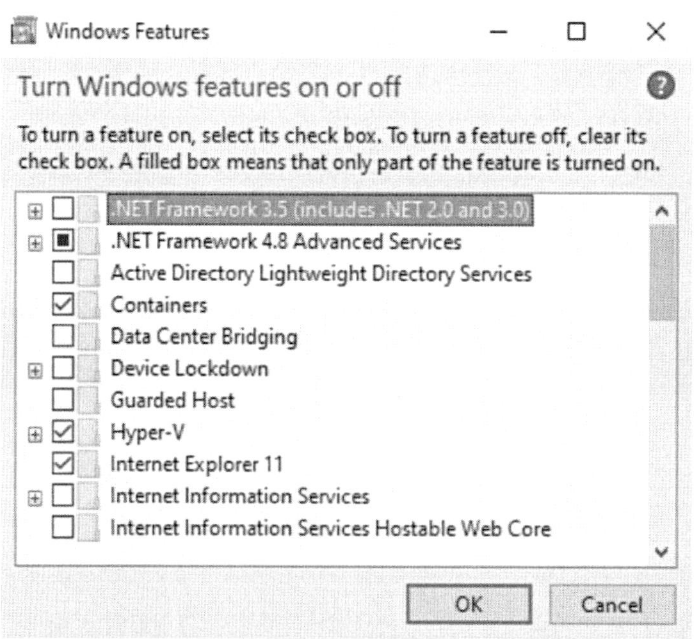

그림 1.4 – Hyper-V(를 위한) 가상화 활성

마지막으로 사용자 계정이 docker-users 그룹에 추가되었는지 확인해야 한다. 확인했다면 윈도우에서 로그아웃 한 후 다시 로그인한다. Docker를 시작하여 파워셸에 첫 번째 Docker 명령어를 아래와 같이 실행할 수 있다:

```
PS C:\Users\my-user> docker run -d -p 80:80 docker/gettingstarted
Unable to find image 'docker/getting-started:latest' locally
latest: Pulling from docker/getting-started
59bf1c3509f3: Pull complete
8d6ba530f648: Pull complete
5288d7ad7a7f: Pull complete
39e51c61c033: Pull complete
ee6f71c6f4a8: Pull complete
f2303c6c8865: Pull complete
0645fddcff40: Pull complete
d05ee95f5d2f: Pull complete
Digest: sha256:aa945bdff163395d3293834697fa91fd4c725f47093ec499
f27bc032dc1bdd16
Status: Downloaded newer image for docker/gettingstarted:
latest
852371fcb34fddfe900bddc669af3a7aaab8743f8555fbb9952904bd2516a
e7a
PS C:\Users\my-user>
```

Docker Compose가 설치되었는지 또한 확인해보자:

```
PS C:\Users\my-user> docker compose version
Docker Compose version v2.2.3
```

다음으로, 리눅스에 Docker 데스크탑을 설치하는 방법을 알아보자.

리눅스

리눅스에 Docker 데스크탑을 설치하는 것은 로드맵에도 나와 있고, 가능해지는 것 또한 시간문제이지만, 아쉽게도 현재로는 불가능하다. 그러나, 리눅스에서 제공되는 **Docker 엔진**을 사용하면 Docker Compose를 사용할 수 있다.

Docker 엔진을 설치하는 가장 보편적인 방법은 리눅스 워크스테이션에 Docker 저장소(repository)들을 추가한 후, 사용된 배포판의 상응하는 패키지 관리자를 이용하여

Docker Community Edition을 설치하는 것이다.

만약 이전 버전의 Docker가 있다면, 먼저 제거를 한 후에 새로 나온 docker-ce와 docker-ce-cli 버전들을 설치해야 한다. 지금은 현재 사용하는 워크스테이션에 Docker를 처음 설치하는 것으로 가정하겠다.

레드햇 기반의 리눅스 배포판이 워크스테이션과 운영 환경 모두 인기를 얻으며 사용되고 있다. 따라서 이 책에서는 레드햇 기반의 배포판인 페도라에 Docker를 설치하는 예를 기반으로 설명한다.

먼저, dnf 저장소 관리에 도움을 줄 도구들이 포함된 dnf-plugins-core 패키지를 설치한다:

```
$ sudo dnf -y install dnf-plugins-core
```

이후, Docker에서 제공하는 바이너리들에 접근하기 위해 docker-ce repo를 추가한다:

```
$ sudo dnf config-manager --add-repo https://download.docker.
com/linux/fedora/docker-ce.repo
```

이제 repo가 설정되었으니, 패키지들을 추가할 수 있다.

```
$ sudo dnf install docker-ce docker-ce-cli containerd.io -y
```

Docker는 머신에서 서비스로 실행되는 데몬이다. 따라서, 시스템과 서비스 관리에 사용되는 systemctl 커맨드들이 Docker에도 적용된다.

```
$ sudo systemctl start docker
```

이제 hello-world 예제를 실행해보자:

```
$ sudo docker run hello-world

Hello from Docker!
This message shows that your installation appears to be working
correctly.
...
```

보다시피, sudo는 거의 모든 명령에 사용해야 한다. 이건 사용자들에게 Docker 엔진과 상호작용을 할 허가를 가지게 해주는, Docker라는 그룹을 만드는 것으로 해결할 수 있다. 이 그룹은 다음과 같이 Docker 엔진을 설치할 때 만들 수 있다:

```
$ sudo groupadd docker
$ sudo usermod -aG docker $USER
$ docker run hello-world
```

Docker 엔진의 설치가 완료되면, 이제 리눅스에 Compose를 설치할 모든 준비가 끝난 것이다.

https://docs.docker.com/compose/install/#install-compose-on-linux-systems의 설치 링크를 이용해서 진행하겠다:

```
$ sudo curl -L "https://github.com/docker/compose/releases/
download/1.29.2/docker-compose-$(uname -s)-$(uname -m)" -o /
usr/local/bin/docker-compose
$ sudo chmod +x /usr/local/bin/docker-compose
$ docker-compose -version
docker-compose version 1.29.2, build 5becea4c
```

여기서는 Compose가 이전에 봤던 것들보다 더 오래된 버전이라는 것을 알 수 있다. Docker 데스크탑을 맥이나 윈도우에 설치하는 것과 같은 표준적인 방법으로 Compose V2를 리눅스에 설치하는 방법은 없기 때문이다. 하지만 리눅스에 Compose V2를 설치하는 것이 가능은 하므로, Compose V2에 집중할 수 있도록 이대로 진행하겠다.

이후 과정은 https://docs.docker.com/compose/cli-command/#install-on-linux에 있는 공식적인 문서의 지침을 따르도록 하겠다.

```
$ mkdir -p ~/.docker/cli-plugins/
$ curl -SL https://github.com/docker/compose/releases/download/
v2.2.3/docker-compose-linux-x86_64 -o ~/.docker/cli-plugins/
docker-compose
$ chmod +x ~/.docker/cli-plugins/docker-compose

$ docker compose version
Docker Compose version v2.2.3
```

도커 Compose와 도커–Compose

Docker Compose를 리눅스에 설치하는 명령들을 살펴보면서 한 가지 관찰해볼 만한 것은 Compose의 버전이다.

윈도우에서도 아래와 같은 Docker-Compose 명령어를 사용하면 같은 버전임을 알 수 있다.

```
PS C:\Users\my-user> docker-compose-v1.exe version
docker-compose version 1.29.2, build 5becea4c
docker-py version: 5.0.0
CPython version: 3.9.0
OpenSSL version: OpenSSL 1.1.1g 21 Apr 2020
PS C:\Users\my-user>
```

초기의 Docker Compose는 파이썬으로 구현되었다. 그러므로, 설치 명령들은 pip 패키지의 설치 명령들을 참조하였다(참고로 Docker 데스크탑을 새로 설치할 때, Docker-Compose 명령들은 Docker Compose 명령을 별칭(alias)로 사용할 수 있게 되었다).

초기 버전의 Docker-Compose 명령어 형식은 아직도 지원, 유지되고 있다. Docker-Compose를 사용하여 만들어지고 실행된 Compose 응용들의 경우, 원활한 마이그레이션을 위하여 **Compose 스위치**(https://docs.docker.com/compose/cli-command/#compose-switch)와 같은 지원 도구들이 제공되고 있다.

Compose 스위치를 설치하면, 이전의 Docker-Compose 명령어가 Compose-스위치 명령어로 대체된다. 이전에는 Docker-Compose로 전달되었을 명령을 이제는 Compose 스위치가 해석한다. 그 후, Compose 스위치가 해석한 명령을 Compose V2에서 실행될 수 있는 명령어로 번역한다. 마지막으로, 번역한 명령어를 사용하여 Compose V2를 호출하게 된다.

이 책에서는, Compose V2가 docker-cli의 부분이기에 이에 집중하여 설명하도록 하겠다. Docker 데스크탑은 기본적으로 최신의 특징들을 가지고 추가적인 명령어들과 함께 제공된다.

지금까지 Docker와 Docker Compose를 워크스테이션에 설치하고, 몇몇 기본적인 명령어들을 실행시키는 방법을 알아보았다. 또한, 이전 버전의 Compose를 이해하고, 최신 버전으로 어떻게 전이하는지 이해했을 것이다. 이후에는 Compose가 어떻게 작동하는지 그리고 Docker 엔진과 어떻게 상호작용을 하는지에 대해여 심층적으로 고찰하겠다.

1.4 도커 Compose의 작동 이해하기

시스템에 Docker와 Docker Compose가 설치되어 있으니, Compose가 무엇이고, 내부적으로 어떻게 작동하는지에 대해 이해하는 시간을 가져보도록 하자.

GitHub에서 Docker Compose의 소스 코드를 호스팅 중인 프로젝트(`https://github.com/docker/compose`)를 찾을 수 있다. 소스 코드를 탐색하다 보면, Compose에 대해 다음과 같이 이해할 수 있다.

- Compose는 플러그인으로서 Docker CLI와 통합된다.
- Compose는 API를 통해서 Docker 엔진과 상호작용한다.
- Compose는 CLI를 제공하고, Compose의 액션들은 Docker 엔진 API calls로 번역된다.
- Compose는 Compose YAML 파일을 읽고, 그에 따라 리소스들을 만들어 낸다.
- Compose는 `Docker-Compose` 명령어들을 CLI에 호환되는 명령어로 바꿔주는 레이어(층)를 제공한다.
- Compose는 Docker object들과 상호작용하고, 레이블을 사용하여 그들을 식별한다.

Docker CLI는 플러그인들을 생성하고 적재할 API를 제공한다. 호출을 통해 플러그인이 생성되고 로딩되었다면, CLI 명령어가 플러그인에 전달될 것이다.

```
func pluginMain() {
    plugin.Run(func(dockerCli command.Cli) *cobra.Command {
        ...
        }
}

func main() {
    if commands.RunningAsStandalone() {
```

```
            os.Args = append([]string{"docker"}, compatibility.
Convert(os.Args[1:])...)
    }
    pluginMain()
}
```

CLI는 **코브라**(https://github.com/spf13/cobra)라는, CLI 응용들을 위한 인기있는 Go 라이브러리에 기반을 두고 있다. Compose는 Docker CLI의 플러그인이기 때문에, Docker CLI에서 제공하는 Docker 엔진 API client를 이용할 것이다.

```
lazyInit.WithService(compose.NewComposeService(dockerCli.
Client(), dockerCli.ConfigFile()))
```

Docker Compose 플러그인으로 넘어온 각각의 명령어는, 호스트에 있는 Docker 엔진 API와 상호작용으로 이어진다. 예를 들어, 아래는 ls 명령어의 내부이다:

```
func (s *composeService) List(ctx context.Context, opts api.
ListOptions) ([]api.Stack, error) {
    list, err := s.apiClient.ContainerList(ctx, moby.
ContainerListOptions{
        Filters: filters.NewArgs(hasProjectLabelFilter()),
        All:     opts.All,
    })
    if err != nil {
        return nil, err
    }
    return containersToStacks(list)
}
```

이제 Compose가 어떻게 작동하고, 어떻게 Docker 엔진과 상호작용 하는지에 대해 잘 이해하였을 것이다. 또한, 더 많은 정보를 얻기 위해 소스 코드를 살펴볼 수 있다. 다음으로는 첫 Docker Compose 응용을 실행시켜 보자.

1.5 첫 도커 Compose 파일

서버에서 정적(static) 페이지를 실행하고 싶어 하는 시나리오를 가정해 보자. 이 작업을 위해서는, **NGINX** 서버가 좋은 선택이다. 아래의 이미지를 보면, static-site/index.html 경로에 간단한 HTML 파일이 있다:

```
<!DOCTYPE html>
<html>
    <head>
        <title>Hello World</title>
    </head>
    <body>
        <p>Hi! This application should run on docker-compose</p>
    </body>
</html>
```

Docker를 기반으로 https://www.docker.com/blog/how-to-use-the-official-nginx-docker-image/에서 찾을 수 있는 공식적인 이미지를 사용하여 NGINX 서버를 실행시킬 것이다:

```
$ docker run --rm -p 8080:80 --name nginx-compose nginx
```

이 명령의 작업을 좀 세분화하여 살펴보자:

- Docker 엔진이 Docker NGINX 이미지를 실행시킬 것이다.
- 이미지의 디폴트 포트가 80이기 때문에, privileged 포트를 사용하는 것을 피하기 위해서 8080이라는 별도의 포트를 사용한다.
- 우리가 지정하는 이름은 컨테이너들과의 상호작용을 원활하게 만들기 위해 변하지 않을 것이다.
- -rm argument를 사용하여, 태스크가 끝나고 컨테이너를 멈추면, 컨테이너가 삭제됨을 보장할 것이다.

이러한 명령을 통해 컨테이너가 구동되게 되었다. 다른 단말 세션에서, NGINX 기본 페이지에 다음과 같이 접속할 수 있다:

```
$ curl 127.0.0.1:8080
<!DOCTYPE html>
<html>
<head>
<title>Welcome to nginx!</title>
<style>
html { color-scheme: light dark; }
body { width: 35em; margin: 0 auto;
font-family: Tahoma, Verdana, Arial, sans-serif; }
</style>
</head>
<body>
<h1>Welcome to nginx!</h1>
<p>If you see this page, the nginx web server is successfully
installed and
working. Further configuration is required.</p>

<p>For online documentation and support please refer to
<a href="http://nginx.org/">nginx.org</a>.<br/>
Commercial support is available at
<a href="http://nginx.com/">nginx.com</a>.</p>

<p><em>Thank you for using nginx.</em></p>
</body>
</html>
```

NGINX를 성공적으로 실행하였으니, 커스텀 HTML 페이지를 사용하기 위해서는 명령어를 변경해야 한다. 간단하면서도 빠른 방법은 컨테이너의 경로에 해당 파일을 마운트 하는 것이다. Ctrl + C를 이용해서 이전의 명령어를 종료한 후에 명령어를 다음과 같이 변경하자:

```
docker run --rm -p 8080:80 --name nginx-compose -v $(pwd)/
static-site:/usr/share/nginx/html nginx
```

예상대로, 우리가 명시한 페이지로 바뀐 것을 알 수 있다:

```
$ curl localhost:8080/index.html
<!DOCTYPE html>
```

```
<html>
    <head>
        <title>Hello World</title>
    </head>
    <body>
        <p>Hi! This application should run on docker-compose</p>
    </body>
</html>
$
```

이제 이 응용을 Compose로 옮기는데 필요한 모든 것이 갖춰졌다. 디폴트 NGINX 설치를 위한 Compose 파일을 만들겠다:

```
services:
  nginx:
    image: nginx
    ports:
      - 8080:80
```

방금 한 것을 세분화시켜보자:

- 서비스의 이름은 NGINX로 하겠다.
- 이미지는 같은 NGINX 이미지이다.
- 포트들은 이전에 사용한 것과 같다.

컨텐츠는 docker-compose.yaml라 명명된 파일에 저장될 것이다.

다음으로는, 터미널에서 Compose 명령어를 실행시켜 볼 것이다:

```
$ docker compose up
[+] Running 2/0
   Network chapter1_default     Created
0.0s
   Container chapter1-nginx-1   Created
0.0s
Attaching to chapter1-nginx-1
chapter1-nginx-1  | /docker-entrypoint.sh: /docker-
entrypoint.d/ is not empty, will attempt to perform
```

```
configuration
chapter1-nginx-1  | /docker-entrypoint.sh: Looking for shell
scripts in /docker-entrypoint.d/
…
$
```

예상대로, HTTP 요청의 결과는 Docker 컨테이너를 실행시켰을 때 본 결과와 같다.

파일의 명명은 중요하다. Compose 파일을 스핀 업 하기 위해 Compose 명령어를 실행하긴 했지만, 어떤 파일이 사용될 것인지 명시하지 않았다. 이런 일이 docker build와 Docker 파일에서 일어난다면, 특정 디렉토리에서 Docker Compose를 실행시킬 때 해당 디렉터리에서 Compose가 docker-compose.yaml라 명명된 파일을 찾을 것이다. 만약 해당 파일이 존재한다면, 그것이 디폴트 Compose 파일로 사용될 것이다. 여기서 우리는 파일 이름이 하나로 제한되어 있지 않다는 사실에 유의해야 한다. Compose 응용에서 다른 파일 이름을 사용할 수 있다. 다음 장들에서, Compose 파일들에 다른 이름을 사용하고 응용을 -f 옵션을 활용하여 실행시키는 경우들을 살펴보게 될 것이다.

이제부터는 Compose 환경설정을 통해 커스텀 HTML 페이지를 마운트 할 것이다:

```
services:
  nginx:
    image: nginx
    ports:
      - 8080:80
    volumes:
      - ./static-site:/usr/share/nginx/html
```

이전의 Docker 명령어가 간단해 보였겠지만, 내부적으로는 파일 시스템의 경로를 가리키는 Docker 볼륨을 만들고 이후 컨테이너에 부착하는 작업이 진행되었다. Compose에도 똑같이 적용된다. 먼저 파일 시스템을 가리키는 볼륨을 명시해야 한다. 이후, 우리의 위치에 기반하여, 컨테이너의 디렉토리에 마운트 된다.

```
$ curl localhost:8080/index.html
<!DOCTYPE html>
<html>
    <head>
```

```
        <title>Hello World</title>
    </head>
    <body>
        <p>Hi! This application should run on docker-compose</p>
    </body>
</html>
```

예상했듯이, Docker 예제와 같은 결과가 나온다.

이 절을 정리해 보자면, Docker CLI를 사용하여 NGINX 인스턴스를 실행시켰고, 우리가 사용한 Docker 명령어 매개변수에 대응하는 YAML을 추가하여 Compose로 이행시켰다. 이제 이 장의 다음 단계, Docker Compose에서 Docker 이미지를 개발하고 실행시킬 준비가 되었다.

1.6 도커 Compose에서 당신의 Docker 이미지 사용하기

Compose를 사용함으로써, 디폴트 NGINX 이미지를 실행시키고 디폴트 HTML 페이지를 바꾸는 방법을 이해하였다. Compose의 기능을 계속 활용하여, 커스텀 Docker 이미지들을 사용하고 테스트하는 방법을 알아보겠다.

이번 예제에서는 **JSON** 형식으로 로그를 출력하는 NGINX 이미지를 개발한다. 이것은 **CloudWatch**(`https://aws.amazon.com/cloudwatch/`)나 **StackDriver**(`https://cloud.google.com/products/operations`), **ELK Stack**(`https://www.elastic.co/elastic-stack/`)과 같은 도구들이 데이터를 JSON 형식으로 저장하는 것을 가능하게 한다. 또한 JSON 요소들을 기반으로 한 필드 조건을 이용하여 개선된 질의 능력을 제공할 수 있다.

이 문제는 NGINX가 어떻게 현재의 로깅 포맷을 정의하는지를 확인할 것을 요구한다. 이미 Compose를 통해 실행되고 있는 컨테이너가 있으므로, 컨테이너의 쉘을 사용하여 환경설정을 확인해보겠다:

```
$   docker ps
CONTAINER ID    IMAGE    COMMAND                        CREATED
STATUS          PORTS                    NAMES
dc0ca7ebe0cb    nginx    "/docker-entrypoint.…"        7 hours ago
Up  7 hours  0.0.0.0:8080->80/tcp    chapter1-nginx-1
$ docker exec -it chapter1-nginx-1 cat /etc/nginx/nginx.conf

user  nginx;
worker_processes  auto;

error_log   /var/log/nginx/error.log notice;
pid         /var/run/nginx.pid;
events {
    worker_connections 1024;
}
http {
    include       /etc/nginx/mime.types;
    default_type  application/octet-stream;

    log_format main '$remote_addr - $remote_user [$time_local]
"$request" '
                   '$status $body_bytes_sent "$http_referer" '
                   '"$http_user_agent" "$http_x_forwarded_for"';
```

Docker ps를 통해 실행되고 있는 컨테이너를 찾고, 컨테이너 쉘을 통해서 cat을 수행하여, /etc/nginx/nginx.conf 파일의 로그_포맷을 살펴보았다. 이 포맷을 JSON 포맷으로 바꿀 것이고, 그 포맷으로 미리 적재된 커스텀 Docker 이미지를 만들 것이다.

이 변화를 적용하기 위해 파일을 로컬 컴퓨터로 복사하겠다:

```
$   docker cp chapter1-nginx-1:/etc/nginx/nginx.conf nginx.conf
```

nginx.conf를 편집하여, JSON 형식을 설정한다:

```
log_format main escape=json '{"remote_addr":"$remote_
addr","remote_user":"$remote_user","time":"[$time_
local]","request":"$request",'
                        '"status":"$status","body_bytes_
```

```
sent":"$body_bytes_sent","http_referer":"$http_referer",'
                        '"http_user_agent":"$http_user_
agent","http_x_forwarded_for":"$http_x_forwarded_for"}';
```

파일은 이렇게 보일 것이다:

```
user nginx;
worker_processes auto;

error_log  /var/log/nginx/error.log notice;
pid        /var/run/nginx.pid;

events {
    worker_connections 1024;
}

http {
    include        /etc/nginx/mime.types;
    default_type   application/octet-stream;

    log_format main escape=json '{"remote_addr":"$remote_
addr","remote_user":"$remote_user","time":"[$time_
local]","request":"$request",'
                        '"status":"$status","body_bytes_
sent":"$body_bytes_sent","http_referer":"$http_referer",'
                        '"http_user_agent":"$http_user_
agent","http_x_forwarded_for":"$http_x_forwarded_for"}';

    access_log /var/log/nginx/access.log main;

    sendfile         on;
    #tcp_nopush      on;

    keepalive_timeout 65;

    #gzip   on;

    include /etc/nginx/conf.d/*.conf;
}
```

이제 필요한 *config* 파일을 갖췄으니, 이 구성을 이용하는 NGINX 베이스 이미지를 만들 것이다. Docker 파일의 내용은 다음과 같다:

```
FROM nginx

COPY nginx.conf /etc/nginx/nginx.conf
```

이제 이미지를 만들자:

```
$ docker build -t custom-nginx:0.1 .
```

계속해서 최근 만들어진 docker-compose.yaml 파일을 사용하자:

```
services:
  nginx:
    image: custom-nginx:0.1
    ports:
      - 8080:80
    volumes:
      - ./static-site:/usr/share/nginx/html

$ docker compose up
…
chapter1-nginx-1  | 2022/02/10 08:09:27 [notice] 1#1: start
worker process 33
chapter1-nginx-1  | {"remote_addr":"172.19.0.1","remote_
user":"","time":"[10/Feb/2022:08:09:33 +0000]","request":"GET
/ HTTP/1.1","status":"200","body_bytes_sent":"177","http_
referer":"","http_user_agent":"curl/7.77.0","http_x_forwarded_
for":""}
…
```

이제 커스텀 Docker 이미지를 사용하는 응용에서도 Compose가 제대로 실행되었다. 지금까지 Compose는 커스텀 이미지를 사용하는데 충분한 능력을 제공함을 알 수 있었다. 또한 파일을 마운팅 하거나 포트 매핑을 변경하는 런타임 때 수정을 지원하는 기능 역시 충분히 제공함을 알 수 있었다. 수행 결과는 Docker 명령어를 이용하여 응용을 실행했을 때와 동일하였다.

1.7 요약

이 장에서는 Docker Compose와 가장 주목할만한 특징들을 소개하였다. 그리고 Compose를 여러 운영체제에 설치해보며 설치 간의 차이를 확인해보았다. 그 이후, Docker-Compose V1과 Docker-Compose V2 등과 같은 Compose 버전의 차이를 알아보았다. Compose의 소스 코드를 확인해보면서, 어떻게 Compose가 작동하고 Docker CLI와 상호작용 하는지에 대해 한 단계 더 나아가 살펴보았다. 또한, `Docker-CLI` 명령어를 이용하여 Docker 응용을 실행하였고, Compose를 사용하여 그 동등한 것을 만들었다. 마지막으로, 첫 예시에서 사용한 이미지를 Compose를 통해 커스텀화 하고 배포하는 것도 알아보았다.

다음 장에서는, Compose를 활용하여 Redis 데이터베이스와 함께 실행되고 상호작용하는 응용을 만들 것이다.

CHAPTER 2

Compose를 이용해 첫 응용 실행하기

이전 장에서는 도커 Compose에 대해서 알아보고, 그것의 특징들로부터 어떤 장점들을 얻을 수 있는지 살펴보았다. 또한, 도커 Compose가 어떻게 동작하고 도커 엔진과 어떻게 상호작용하며, 그리고 도커 **커멘드-라인-인터페이스(CLI)**와 어떻게 통합되는지 알아보았다. 이제 워크스테이션에 적절한 **Compose**를 설치했으니, 응용들을 실행해볼 수 있게 되었다.

Compose를 응용의 개발에 사용하는 것은, 생산성을 향상시키는데 중요한 역할을 할 능률적인 프로세스가 될 수 있다. 이 장을 끝냈을 즈음, 당신은 응용을 패키지하고 Compose에서 실행시킬 수 있을 것이다. 또한, 당신은 응용과 상호작용을 할 수 있으며, 데이터베이스와 상호작용을 통해 응용의 기능을 향상시킬 수 있을 것이다. **멀티-컨테이너 응용**을 Compose를 사용하여 개발/배포하게 되면, 우리는 헬쓰 검사나 라벨, 환경변수, 명령어 오버라이드(command override) 같은 Compose의 기능들에 대해서도 좀 더 깊게 알게 될 것이다.

이 장에서 다룰 주요 주제들은 다음과 같다:

- 핵심 응용 생성
- Compose를 사용하여 Redis 실행하기
- 셸을 활용하여 Compose에서 관리되는 컨테이너 다루기
- 도커 Compose 서비스와 상호작용
- 도커와 Compose로 응용 패키징
- Compose를 사용하여 멀티-컨테이너 응용 실행하기

2.1 기술적 요구사항

이 책의 코드는 GitHub(https://github.com/PacktPublishing/A-Developer-s-Essential-Guide-to-Docker-Compose)에서 내려받을 수 있다. 코드에 대한 업데이트가 있으면 GitHub 저장소에도 동시에 업데이트될 것이다.

2.2 핵심 응용 생성

이 절에서는 Go 프로그래밍 언어를 사용하여 응용을 만들 것이다. 책을 읽어가면서 우리는 이 응용을 진화 발전시킬 것이며, 이를 통해 Compose가 제공하는 특징들을 좀 더 명확하게 보게 될 것이다. Go는 오픈 소스 프로그래밍 언어이다. 도커, 쿠버네티스, Compose를 포함하여 요즘 사용하는 많은 소프트웨어 응용들은 Go를 사용하여 만들어졌다. Go를 이용해서 프로그래밍하면, http 서버나 테스팅 유틸리티와 같은 강력한 라이브러리에서 제공하는 패키지들을 사용할 수 있다는 장점이 있다.

Go 설치

워크스테이션에 Go를 설치하는 것은 간단하다. https://go.dev/doc/install에 있는 다운로드 페이지에서, 주요 운영체제상에서 Go를 설치하는 방법을 찾을 수 있다.

Gin을 사용해 Go에서 REST API 만들기

Go에서 REST API를 만드는 것은 다음 두 가지 방법이 있다. 첫 번째는 기존 라이브러리를 사용하는 것이며, 두 번째는 프레임워크를 사용하는 방법이다. 우리는 프레임워크를 사용하는 방법을 선택하였다. 이는 코드 기반(code base)을 간단하게 유지할 수 있게 하여, Compose에 집중할 수 있도록 해준다. 우리가 사용할 프레임워크는 유명한 Go 프레임워크인 GIN(https://gin-gonic.com/)이다. 이것은 라우팅과 JSON 파일 렌더링 기능을 제공하며, 기존 Go 라이브러리를 사용하기 위해 추가적인 코딩을 해야 하는 불편함을 피할 수 있게 해준다.

다음과 같은 go 명령어를 사용하여 모듈을 만들어 보자:

```
$ go mod init task_manager
```

우리는 아래와 같은 방법으로 응용 템플릿을 사용할 것이다:

```
$ curl https://raw.githubusercontent.com/gin-gonic/examples/
master/basic/main.go > main.go
```

이제, Gin을 다운로드 하자:

```
$ go get github.com/gin-gonic/gin
```

이어서, go의 build 명령어를 사용하여 모듈을 만들자:

```
$ go build
```

다음으로는 go run을 사용하여 응용을 실행해 보자:

```
$ go run main.go
```

마지막으로, curl을 사용하여 응용을 시험해 볼 것이다:

```
$ curl http://localhost:8080/user/John
{"status":"no value","user":"John"}
```

우리는 Go를 사용하여 첫 REST API를 성공적으로 만들었다. 또한, 응용을 시작하고 개발할 도구들을 구축하였다. 다음 단계는 방금 사용한 템플릿 상에 우리의 응용을 구축하는 것이다.

응용

우리가 작성하려는 응용은 REST API 인터페이스를 통해 접근 가능한 **태스크 관리자**이다. 이 응용의 사용자는 POST 요청을 통해 태스크를 추가할 수 있다. 또한, 사용자는 GET 요청을 통해 태스크의 정보를 얻거나 DELETE 요청을 통해 태스크를 삭제할 수 있다. 일단

은 다음의 4가지 엔드포인트들을 논의한다:

- GET /task: 모든 태스크의 정보 검색.
- POST /task: 태스크 추가.
- GET /task/{id}: ID 태스크의 정보 검색.
- DELETE /task/{id}: ID 태스크를 삭제.

main.go 파일의 일부 메소드를 수정하여, 클래스를 태스크 서버로 변환할 것이다. 현재의 구현은 태스크들을 메모리에 보관한다. https://raw.githubusercontent.com/PacktPublishing/A-Developer-s-Essential-Guide-to-Docker-Compose/main/Chapter2/example-task-manager/main.go 파일에서 응용 내용을 볼 수 있다.

응용에서 사용하는 자료구조는 ID와 태스크 이름, 태스크 명세, 그리고 타임스탬프로 구성된다.

```
type Task struct {
    Id          string `json:"id"`
    Name        string `json:"name"`
    Description string `json:"description"`
    Timestamp   int64 `json:"timestamp"`
}
```

아래 예에서 Get, Add 등의 액션에 대응되는 컨트롤러들을 볼 수 있다.

```
// Get tasks
    r.GET("/task", func(c *gin.Context) {
        tasks := []Task{}
        for _, v := range taskMap {
            tasks = append(tasks, v)
        }
        c.JSON(http.StatusOK, gin.H{"tasks": tasks})
    })
// Get task
    r.GET("/task/:id", func(c *gin.Context) {
        id := c.Params.ByName("id")
        task, ok := taskMap[id]
```

```
        if ok {
            c.JSON(http.StatusOK, gin.H{"task": task})
        } else {
            c.JSON(http.StatusNotFound, gin.H{"id": id,
"message": "not found"})
        }
    })
// Add task
    r.POST("/task", func(c *gin.Context) {
        var task Task
        if err := c.BindJSON(&task); err != nil {
            c.JSON(http.StatusOK, gin.H{"task": task,
"created": false, "message": err.Error()})
        } else {
            taskMap[task.Id] = task
            c.JSON(http.StatusCreated, gin.H{"task": task,
"created": true, "message": "Task Created Successfully"})
        }
    })
// Remove task
    r.DELETE("/task/:id", func(c *gin.Context) {
        id := c.Params.ByName("id")
        delete(taskMap, id)
        c.JSON(http.StatusOK, gin.H{"id": id, "message":
"deleted"})
    })
```

우리가 생성한 REST API가 동작 중이므로, curl을 활용하여 요청을 보내면 우리는 응용과 상호작용을 할 수 있다. 예를 들어 태스크 생성(*create task*) 요청은 다음과 같이 수행할 수 있다:

```
$ curl --location --request POST 'localhost:8080/task/' \
--header 'Content-Type: application/json' \
--data-raw '{
    "id": "8b171ce0-6f7b-4c22-aa6f-8b110c19f83a",
    "name": "A task",
    "description": "A task that need to be executed at the
timestamp specified",
    "timestamp": 1645275972000
```

```
}'
{"created":true,"message":"Task Created Successfully","tas
k":{"id":"8b171ce0-6f7b-4c22-aa6f-8b110c19f83a","name":"A
task","description":"A task that need to be executed at the
timestamp specified","timestamp":1645275972000}}
```

모든 태스크 검색(*get all tasks*) 요청은, 다음과 같이 명령어를 입력하면 된다:

```
$ curl --location --request GET 'localhost:8080/task'
{"tasks":[{"id":"8b171ce0-6f7b-4c22-aa6f-
8b110c19f83a","name":"A task","description":"A
task that need to be executed at the timestamp
specified","timestamp":1645275972000}]}
```

특정 ID를 갖는 태스크를 검색하기 위해서는, 다음과 같은 명령어를 입력하면 된다:

```
$ curl --location --request GET 'localhost:8080/task/8b171ce0-
6f7b-4c22-aa6f-8b110c19f83a'
{"task":{"id":"8b171ce0-6f7b-4c22-aa6f-8b110c19f83a","name":"A
task","description":"A task that need to be executed at the
timestamp specified","timestamp":1645275972000}}
```

예제 요청들을 간단하고 이식할 수 있게 만들기 위해, `curl`을 사용하였다. 포스트맨은 REST API를 사용하여 상호작용에 유명한 도구이며, 다음 링크에서 그 내용을 확인할 수 있다: `https://github.com/PacktPublishing/A-Developer-s-Essential-Guide-to-Docker-Compose/blob/main/Chapter2/Task-Manager.postman_collection.json`.

지금까지 REST API를 제공하는 태스크관리자 응용을 만들었다. 그리고, `curl`을 활용하여 우리가 만든 응용의 기능을 테스트해 보았다. 이제, 스토리지를 위해 Redis 서버를 사용하도록 태스크관리자 응용을 수정해 보자.

2.3 Compose를 사용하여 Redis 실행하기

이제 REST API를 제공하는 응용이 준비되었다. 이 응용은, 간단하게 구현하기 위해, 태스크의 정보를 실제 데이터베이스에 저장하는 대신, 인-메모리 맵을 활용하였다. 이러한 구현은 충분한 프로토타이핑 효과가 있다. 하지만, 우리가 사용하는 데이터와 태스크의 정보는 오직 하나의 프로세스에만 유지된다는 한계가 있다. 이 응용을 두 번 수행시키면, 각각의 수행 인스턴스는 서로 다른 태스크에 대한 정보를 가지게 된다.

이러한 문제를 해결하기 위해, 우리는 데이터를 응용이 아닌 데이터베이스에 저장하도록 확장할 것이다. 이를 통해, 데이터는 한곳에 저장될 것이고, 여러 인스턴스들이 가진 태스크의 정보들과 차이가 없을 것이다. 우리가 선택한 데이터베이스는 **Redis**이다.

Redis는 유명한 인-메모리 자료구조 저장소이다. Redis는 캐시로 널리 사용된다. 주요 클라우드 공급업체들이 캐싱을 제공할 때 사용한다. 대표적인 예로 아마존 웹 서비스의 **ElastiCache**(`https://aws.amazon.com/elasticache`)나 구글 클라우드 플랫폼의 **Memorystore**(`https://cloud.google.com/memorystore`)와 같은 컴포넌트들이 Redis 기반 캐시 옵션을 제공한다. 또한, Redis는 데이터베이스로 사용될 수 있다. 더 나아가서, Redis는 브로커와 스트리밍 기능과 함께 사용될 수 있다. 이 책 전체를 통해 Redis의 다양성을 알게 될 것이며, 이것은 도커 Compose의 특징들을 명확하게 이해하는데 데에도 도움이 될 것이다.

우리는 도커 Compose를 사용하여 Redis를 실행할 것이다. 우선, Redis 서비스를 사용하는 Compose 파일을 만들어 보자:

```
services:
  redis:
    image: redis
    ports:
      - 6379:6379
```

서비스의 이름은 Redis이다. Redis의 디폴트 포트는 6379이며, 따라서 우리는 이 서비스를 지역적으로 포트 6379에 바인드하였다. 결국 Compose를 실행하면, Redis 데이터베이스와 지역적으로 상호작용할 수 있게 된다.

```
$ docker compose up
...
chapter2-redis-1  | 1:M 19 Feb 2022 14:18:20.302 # Server
initialized
chapter2-redis-1  | 1:M 19 Feb 2022 14:18:20.303 * Ready to
accept connections
```

위 도커 Compose 수행 결과를 보면, Redis 데이터베이스가 제대로 작동하고 있고 연결을 수락할 준비가 되었음을 알 수 있다. 다음 절에서는, 셸을 활용하여 Redis 컨테이너에서 명령어들을 실행시켜 볼 것이며 이를 통해 명령어들에 더 익숙해지게 될 것이다.

2.4 셸을 활용하여 Compose에서 관리되는 컨테이너 다루기

Compose를 사용하여 Redis 데이터베이스를 성공적으로 실행시켰으니, 이제 Redis 인스턴스에서 몇 가지 명령어들을 실행시켜 보자. 이를 통해 데이터베이스에 익숙해져 보자. 많은 컨테이너 기반 데이터베이스 배포판들처럼, 이미지는 데이터베이스 뿐만 아니라 관리 또는 사용 편리성 도구들을 포함하고 있다.

Redis CLI는 Redis 서비스에 명령어를 보내는데 사용될 수 있다. Redis 도커 이미지는 Redis CLI를 포함하고 있으며, 결국 데이터베이스를 실행시키는데 이것을 활용할 수 있다.

실행되고 있는 Redis 이미지를 찾아보자:

```
$ docker ps --format "{{.Names}}"
chapter2-redis-1
$
```

찾은 이미지에서 셸을 사용해보자:

```
$ docker exec -it chapter2-redis-1 bash
root@d189b089bcf6:/data#
```

Compose가 관리하는 컨테이너에서 셸을 사용하는 것에 성공하였다. 이제, 컨테이너에 어떤 것이 담겨있는지 살펴보자:

```
$ root@d189b089bcf6:/data# ls
dump.rdb
root@d189b089bcf6:/data# ls /usr/local/bin
docker-entrypoint.sh    gosu    redis-benchmark    redis-check-aof
redis-check-rdb    redis-cli    redis-sentinel    redis-server
```

ls 결과를 보면 디폴트 디렉토리에 dump.rdb 파일이 있다는 것을 알 수 있다. 또한, "/usr/local/bin"에 redis-server나 redis-sentinel, redis-cli와 같은 바이너리들을 찾을 수 있다. 이 이미지에 Redis CLI가 존재하고 있으며, 이제부터 몇 가지 명령어들을 실행시켜 보자:

```
$ root@d189b089bcf6:/data# redis-cli
127.0.0.1:6379>
```

Redis는 태스크들의 주된 스토리지로 사용될 것이다. ZADD를 사용하여 태스크 ID를 추가하고, 저장된 내용을 확인해 보자.

```
127.0.0.1:6379> ZADD tasks 1645275972000 "8b171ce0-6f7b-4c22-
aa6f-8b110c19f83a"
(integer) 1
127.0.0.1:6379> ZRANGE tasks 0 -1 WITHSCORES
1) "8b171ce0-6f7b-4c22-aa6f-8b110c19f83a"
2) "1645275972000"
```

지금까지 Compose를 사용하여 Redis를 성공적으로 실행시킨 후, 셸을 활용하여 Redis 컨테이너를 살펴보고, 존재하는 커멘트-라인 도구들을 알아보며, redis-cli를 사용하여 서버와 상호작용 하였다. 다음은, Redis 서버를 저장소 용도로 사용하기 위해 응용을 변경할 것이다.

2.5 도커 Compose 서비스와 상호작용

우리는 Compose에서 Redis를 실행시키고, 그 실행 인스턴스에서 쉘을 활용할 수 있게 되었다. 그리고 쉘 상에서 명령어들을 수행시키고 데이터를 추가하였다. 그런데, 인스턴스와 상호작용 방법에 쉘만 있는 것은 아니다. 쉘을 사용하지 않는 다른 방법도 존재한다. 인스턴스가 로컬 포트 6379에 연결되도록 구성되었기 때문이다.

예를 들어, 로컬호스트 접근 권한을 가진 redis-cli 클라이언트를 통해 인스턴스와 상호작용 할 수 있다. 아래 예에서는 우리의 Compose가 관리하는 Redis에 또 다른 Redis 도커 이미지가 접근하는 것을 볼 수 있다.

```
$ docker run --rm -it --entrypoint bash redis -c 'redis-cli -h
host.docker.internal -p 6379'
host.docker.internal:6379> ZRANGE tasks 0 -1 WITHSCORES
1) "8b171ce0-6f7b-4c22-aa6f-8b110c19f83a"
2) "1645275972000"
host.docker.internal:6379>
```

여기서 우리는 이전에 추가했던 태스크 정보가 터미널에 표시되는 것을 볼 수 있다. 이제 외부에서 Compose service와 상호작용하는 것에 성공하였으므로, Redis를 인-메모리 맵 대신 사용하기 위해 응용의 코드를 변경할 것이다. 사용할 구조 중 하나는 sorted set이다. sorted set은 score라 불리는 숫자 값과 함께 쓰이는 set이다. set의 요소들을 score에 의해 정렬된다. 만약 요소끼리 같은 score를 지니면, 값의 사전식 순서에 기반하여 정렬된다. 이전에 실행시켰던 Redis ZADD 명령어를 살펴보면, 우리가 사용했던 score가 태스크의 타임스탬프라는 것을 알 수 있다. 결국, 우리 서비스의 여러 태스크들은 타임스탬프를 기준으로 정렬될 것이다.

또한, id를 통해 태스크의 정보를 찾고 싶을 때도 있다. 이때 사용할 수 있는 좋은 선택은 Hash 데이터 타입이다. hash를 사용함으로써, 키-값 방식으로 구조체의 값을 매핑하거나 접근할 수 있다:

```
host.docker.internal:6379> HMSET task:8b171ce0-6f7b-4c22-
aa6f-8b110c19f83 Id 8b171ce0-6f7b-4c22-aa6f-8b110c19f83a Name
"A task" Description "A task that need to be executed at the
```

```
timestamp specified" Timestamp 1645275972000
OK
host.docker.internal:6379> HGETALL task:8b171ce0-6f7b-4c22-
aa6f-8b110c19f83
1) "Id"
2) "8b171ce0-6f7b-4c22-aa6f-8b110c19f83a"
3) "Name"
4) "A task"
5) "Description"
6) "A task that need to be executed at the timestamp specified"
7) "Timestamp"
8) "1645275972000"
host.docker.internal:6379>
```

Ctrl+C를 사용하여 컨테이너를 종료하자.

이제 Redis를 활용하여 영속성을 지닐 수 있도록 응용을 변경할 것이다. 클라이언트로 사용할 수 있는 다양한 옵션이 존재한다. 이 책에서는 현재 가장 유명한 go-redis/redis 클라이언트를 선택한다.

go-redis/redis를 우리의 프로젝트로 가져오자:

```
$ go get github.com/go-redis/redis/v8
```

몇 가지 수정을 하면, 우리의 코드 베이스는 Redis를 기반으로 요청을 처리할 수 있게 된다. Redis 영속성 연산은 다음 GitHub에서 볼 수 있다:
https://github.com/PacktPublishing/A-Developer-s-Essential-Guide-to-Docker-Compose/blob/main/Chapter2/main.go#L91.

또한, 적절하게 수정된 컨트롤러의 메소드는 다음 GitHub에서 볼 수 있다:
https://github.com/PacktPublishing/A-Developer-s-Essential-Guide-to-Docker-Compose/blob/main/Chapter2/main.go#L39.

모든 태스크에는 그에 대응되는 해시값을 갖는다. 그 해시값의 접두어는 "task"라는 문자열이다. 그 해시값에는 태스크가 관련된 모든 정보들이 포함되어 있다. 태스크의 날짜를 기반으로 정렬하기 위해, 우리는 sorted set을 사용할 것이다.

이러한 선택은 각 엔드포인트마다 Redis가 다음과 같은 상호작용을 하도록 한다:

- GET /task: sorted set을 사용하여 태스크 ID를 검색하고, 검색된 태스크의 해시값을 가져온다.
- POST /task: 태스크에 태스크:{id} 형식의 해시값을 추가하고, ID를 sorted set에 삽입한다.
- GET /task/{id}: 키 태스크:{id}을 사용하여 태스크 해시값을 검색한다.
- DELETE /task/{id}: 태스크:{id}로 명명된 해시값을 삭제하고, sorted set에서 ID를 삭제한다.

업데이트된 코드 베이스를 사용하여 응용을 실행하자:

```
$ go run main.go
```

Compose를 사용하여 Redis 서버를 실행하면서, 핵심적인 응용을 Redis 기반 솔루션으로 변경할 수 있었다. 변경된 코드들은 우리가 사용한 유즈 케이스를 앱-기반의 저장소에서 더 적절한 Redis 데이터 구조로 교체할 수 있게 하였다. 다음 절에서는, 도커를 사용하여 응용을 패키지하고 Compose를 사용하여 실행시킬 것이다.

2.6 도커와 Compose로 응용 패키징

드디어 Compose를 사용하여 응용을 패키징 하고 전개(deployment)할 때가 되었다. 이를 달성하기 위해서는, 우리 응용을 위한 도커 이미지를 만들어야 한다. 도커 이미지를 만들기 전에, 다른 환경에서 실행될 수 있도록 코드 베이스를 조정해야 한다. 이렇게 하면 코드를 바꾸거나 이미지를 하나 더 만들지 않고도 다른 환경에서 실행될 수 있다.

환경 구성(Environment configuration) 활성화

코드 베이스를 살펴보면, 특정 구성(configuration)들은 변동 가능하다는 것을 알 수 있다. Redis 서버는 코드 베이스가 접속할 수 있는 한 어디에든 위치할 수 있기 때문에, Redis 구성은 유연성을 제공해야 한다. 이러한 이유로, Redis 클라이언트는 환경변수들을 이용해 구성들을 설정한다. 만약 제공되는 환경 변수들이 없다면, 기본 값들로 설정한다.

아래의 함수들이 구성 설정에 사용된다. 환경변수가 제공되지 않은 경우, 기본 값이 사용되는 것을 알 수 있다:

```
func getIntEnv(key string, defaultvaule int) int {
    if value := os.Getenv(key); len(value) == 0 {
        return defaultvaule
    } else {
        if i, err := strconv.Atoi(value); err == nil {
            return i
        } else {
            return defaultvaule
        }
    }
}

func getStrEnv(key string, defaultValue string) string {
    if value := os.Getenv(key); len(value) == 0 {
        return defaultValue
    } else {
        return value
    }
}
```

다음 예제는 Redis 클라이언트 구성에서 환경변수를 사용하도록 조정한 것이다:

```
var (
    client = redis.NewClient(&redis.Options{
            Addr:     getStrEnv("REDIS_HOST",
"localhost:6379"),
            Password: getStrEnv("REDIS_PASSWORD", ""),
            DB:       getIntEnv("REDIS_DB", 0),
    })
    taskMap = make(map[string]Task)
)
```

마지막으로, 서버가 사용할 호스트와 포트를 구성하자:

```
func main() {
    r := setupRouter()
```

```
    r.Run(getStrEnv("TASK_MANAGER_HOST", ":8080"))
}
```

지금까지, 코드 베이스를 환경변수들을 통해 구성할 수 있도록 수정하였다. 이는 우리 응용이 다른 환경에도 이식될 수 있도록 만들어준다. 만약 제공되는 추가 구성이 없다면, 응용은 디폴트 설정들을 사용한다. 이제부터, 응용에 맞는 도커 이미지를 생성하자.

도커 이미지 생성

지금까지 수정한 결과, 우리의 코드 베이스는 컨테이너화와 다른 환경들에서 실행시키는 것이 가능하게 되었다. 다음은 응용을 위한 Dockerfile의 내용을 보여준다:

```
# syntax=docker/dockerfile:1
FROM golang:1.17-alpine
WORKDIR /app
COPY go.mod ./
COPY go.sum ./
RUN go mod download
COPY *.go ./
RUN go build -o /task_manager
EXPOSE 8080
CMD [ "/task_manager" ]
```

단계별로 살펴보자:

1. Dockerfile을 파싱하면서 사용할 구문(syntax)을 명시한다.
2. go 언어 알파인 기반의 이미지가 사용된다.
3. 응용 및 응용에 의존하는 것들이 속할 디렉토리는 /app이다.
4. mod와 sum 파일들을 복사한다.
5. 의존하는 것들을 다운로드한다.
6. 응용 파일들을 복사한다.
7. 메인 응용을 빌드한다.
8. 응용이 실행될 포트를 정의한다.
9. 서비스가 실행된다.

이제 이미지를 만들자:

```
$ docker build . -t task-manager:0.1
```

Dockerfile을 만들었으니, 이제 응용을 도커 이미지에 패키지할 수 있다. 또한, 도커 CLI나 Compose를 사용하여 실행할 수 있다.

이미지 실행하기

이미지가 만들어졌으니, 이제 도커 이미지를 실행시켜보자:

```
$ docker run --rm -p 8080:8080 --env REDIS_HOST=host.docker.
internal:6379 task-manager:0.1
```

응용은 예상대로 작동할 것이고, 위에서 보이는 것과 같이 Redis 호스트를 활용하도록 지정하였다. Redis 호스트 대신, Compose에서 실행되고 있는 Redis 컨테이너를 활용해보자. Redis는 이미 Compose에서 실행되기 때문에, Compose에서 만든 네트워크에 연결되어 있을 것이다. 이 네트워크는 현재의 도커 네트워크들을 나열하여 찾을 수 있다:

```
$ docker network ls
NETWORK ID       NAME                DRIVER      SCOPE
1392d8a87032     bridge              bridge      local
...
453bafcfd97a     chapter2_default    bridge      local
4a6d6a3e8475     host host           local
...
```

우리는 chapter2_default 네트워크에 컨테이너를 장착할 것이다:

```
$ docker run --rm -p 8080:8080 --env REDIS_HOST=redis:6379
--network=chapter2_default task-manager:0.1
```

이전에 실행했을 때에 비해 호스트가 바뀌었다는 것을 알 수 있다. Redis 인스턴스는 IP가 아닌 서비스 이름으로 접근할 수 있다. 이는 컨테이너가 같은 네트워크에서 수행되고 있으며, 내부적으로 서비스 이름으로 IP를 알 수 있기 때문이다.

우리 응용인 task-manager와 Redis를 단독형(standalone)이 아닌 별개의 이미지로 따로 만들었기 때문에, 이들을 다음과 같이 Compose 파일이 추가할 수 있다:

```
services:
  task-manager:
    image: task-manager:0.1
    ports:
      - 8080:8080
    environment:
      - REDIS_HOST=redis:6379
  redis:
    image: redis
    ports:
      - 6379:6379
```

어떻게 작동하는지 세분화하여 알아보자:

- 두 서비스 모두 Compose에서 실행된다.
- 네트워크가 지정되지 않았으니, 둘 다 디폴트 네트워크에서 실행된다.
- 같은 네트워크에서 동작하므로, 서비스 이름을 사용하여 접근할 수 있다.
- 필요한 환경변수들은 환경 섹션에 명시되어 있다.

변화들을 적용하기 위해 응용을 다시 생성할 것이다:

```
$ docker compose up --force-recreate
```

이제 멀티-컨테이너 응용이 Compose 하에 같은 네트워크 안에서 완벽히 운영되고 있다.

Compose를 사용하여 이미지 만들기

지금까지 Compose를 사용하여 우리의 응용을 패키지 하였다. 이 장을 진행하면서 우리의 원본 응용이 많이 바뀌었다. 맵-기반의 태스크 관리자에서 출발하여 Redis 데이터베이스를 기반으로 하는 응용이 되었으며, 다양한 구성도 지원한다. 물론 우리의 응용은 이후에도 계속 변화할 것이다. 따라서, Compose에서 응용을 더 자동화된 방법으로 실행하는 것이 중요하다.

매번 이미지를 만들고 Compose의 이미지 섹션을 사용해 새로운 버전으로 바꾸는 것보다는, Compose가 우리를 위해 이미지를 자동으로 만들고 실행하도록 해보자. 이를 위해서는 Compose가 Dockerfile을 통해 이미지 빌드와 사용을 할 수 있도록 다음과 같이 설정

해야 한다:

```
services:
  task-manager:
    build: .
    ports:
      - 8080:8080
    environment:
      - REDIS_HOST=redis:6379
  redis:
    image: redis
    ports:
      - 6379:6379
```

Dockerfile과 docker-compose.yaml 둘 모두 이미지와 같은 디렉토리에 있으므로, "build ."이라고 명세하여 같은 디렉토리를 가리키면 된다. 만일 코드 베이스가 다른 이미지에 있는 경우, 해당 경로를 지정하고 다른 여러 디렉토리들 또는 심지어 다른 프로젝트에 속한 디렉토리들을 사용해 Compose를 동작시키는 옵션도 제공된다.

이미지 이름의 생성과 정의하기

지금까지 우리는 이미지 이름을 통해 태스크 매니저를 사용하는 것이 익숙해졌다. Compose에서는 build와 image를 정의하여 위와 같은 것을 명시적으로 할 수 있다. 다음의 예에서 build와 image를 명시하면, 이미지는 예상대로 만들어질 것이고, image에 주어진 이름으로 태그될 것이다.

```
services:
  task-manager:
    build: .
    image: task-manager:0.1
```

도커 CLI를 사용해 수동적으로 도커 이미지를 만드는 것부터, Compose를 사용해 빌드 과정을 수행하는 것까지 배웠다. 이제 우리 응용에서 Compose를 활용할 토대는 마련하였으니, Compose의 더 많은 고급 개념들을 좀 더 배워보자.

2.7 Compose를 사용하여 멀티-컨테이너 응용 실행하기

멀티 컨테이너 응용이 Compose에서 동작할 때 효과적인 개념들을 알아보고, 이러한 것을 어떻게 사용하는지 지금까지 개발한 우리의 응용을 이용하여 알아보자.

헬쓰 검사

우리의 코드 베이스에는 ping **엔드포인트**라는 지금까지 논의하지 않았던 엔드포인트가 있다. 아래의 코드 베이스에서 볼 수 있듯이, ping 엔드포인트는 한번 호출되면 일정한 메시지로 응답하는 엔드포인트이다.

```
// Health Check
r.GET("/ping", func(c *gin.Context) {
    c.String(http.StatusOK, "pong")
})
```

이 엔드포인트가 **헬쓰 검사**에 활용될 것이다. 응용이 실행되고 있는 한, 언제나 답변을 줄 수 있기 때문이다. 만약 응용의 무언가가 잘못된다면, 엔드포인트는 답변을 주지 않을 것이고, *unhealthy*라고 표시될 것이다.

헬쓰 검사가 작동하는 방법

Compose에서 헬쓰 검사를 추가함으로써, 특정 명령어가 컨테이너에서 실행되도록 지시할 수 있다. 그 명령어가 어떻게 종료하는지 그리고 시간 임계치가 어떻게 설정되어 있는지에 따라, 컨테이너가 *healthy* 또는 *unhealthy*로 표시된다. 그 명령어는 컨테이너 내부에서 수행된다. 존재하지 않는 명령어를 사용하는 것은 헬쓰 검사의 실패를 초래할 것이다.

컨테이너에서 수행할 수 있는 모든 것이 헬쓰 검사를 위한 명령어가 될 수 있다. 컨테이너에 존재하는 간단한 명령어부터 복잡한 헬쓰 검사 알고리즘을 포함한 맞춤형 스크립트(customized script)까지 모두 헬쓰 검사 명령어로 사용 가능하다. Compose는 설정된 시간제한 이내에 명령어가 성공적으로 수행되었지는 여부를 고려한다. 우리의 헬쓰 검사 엔드포인트가 http 서버에 구현되어 있다. 따라서 이 서버에서 실행될 수 있는 명령어가 필요하다. cURL은 이런 용도에 효과적으로 사용될 수 있다. 이를 위해 Dockerfile을 수정하여 이미지에 curl을 추가하자:

```
# syntax=docker/dockerfile:1
FROM golang:1.17-alpine
RUN apk add curl
...
```

compose build를 사용하여 최신의 이미지를 만들자:

```
$ docker compose build
```

Compose에 헬스 검사 추가하기

curl이 이미지에 추가되었다. 따라서 아래와 같은 방법으로 헬스 검사를 추가할 수 있다.

```
services:
  task-manager:
    build: .
    image: task-manager:0.1
    ports:
      - 8080:8080
    environment:
      - REDIS_HOST=redis:6379
    healthcheck:
      test: ["CMD", "curl", "-f", "http://localhost:8080/ping"]
      interval: 20s
      timeout: 10s
      retries: 5
      start_period: 5s
```

curl을 사용하여 주기적으로 ping이 태스크 관리자에게 보내진다. 구체적으로 초기화된 후 5초 뒤에서부터 매 20초 가격으로 보내지며, 타임아웃은 10초이다. 실패 시, 인스턴스를 *unhealthy*로 표시하기 전에 5번의 재시도를 수행한다. curl을 -f와 함께 사용함으로써, *5XX*(서버오류) 응답과 같은 성공적이지 않은 요청들도 존재할 수 있다.

응용이 수행되면, 로그에서 헬스 검사 요청들이 수행되는 것을 살펴볼 수 있다.

```
$ docker compose up
...
chapter2-task-manager-1  | [GIN] 2022/02/20 - 17:23:07 | 200 |
8.584µs | 127.0.0.1       | GET "/ping"
chapter2-task-manager-1  | [GIN] 2022/02/20 - 17:23:27 | 200 |
34.459µs | 127.0.0.1      | GET "/ping"
chapter2-task-manager-1  | [GIN] 2022/02/20 - 17:23:47 | 200 |
42.458µs | 127.0.0.1      | GET "/ping"
```

다른 쉘을 이용하여 실행되고 있는 컨테이너들을 확인해보자:

```
$ docker ps
CONTAINER ID   IMAGE               COMMAND
CREATED          STATUS                              PORTS
NAMES
20c6d1cb557b   task-manager:0.1   "/task_manager"           4
seconds ago   Up 3 seconds (health: starting)       0.0.0.0:8080-
>8080/tcp   chapter2-task-manager-1
$ docker ps
20c6d1cb557b   task-manager:0.1   "/task_manager"            2
minutes ago   Up 44 seconds (healthy)    0.0.0.0:8080->8080/tcp
chapter2-task-manager-1
```

한발 더 나아가서, 아래와 같이 엔드포인트가 실패하도록 수정해 보자:

```
    // Health Check
    r.GET("/ping", func(c *gin.Context) {
         c.String(http.StatusInternalServerError, "pong")
    })
```

시간이 흐른 후에, 컨테이너가 unhealthy로 표시된 것을 확인할 수 있다:

```
$ docker ps
CONTAINER ID    IMAGE              COMMAND
CREATED          STATUS                          PORTS
NAMES
```

```
20c6d1cb557b     task-manager:0.1   "/task_manager"          2
minutes ago     Up 2 minutes (unhealthy)   0.0.0.0:8080->8080/tcp
chapter2-task-manager-1
```

지금까지 우리는 Compose 헬스 검사 기능을 살펴보았고, 성공과 실패 시나리오 모두 실현해 보았다.

서비스의 의존성

우리가 만든 task-manager 서비스는 Redis에 의존한다. 따라서 만일 Redis 서비스가 제대로 작동하고 있지 않다면, task-manager 역시 동작할 수 없다. 이 경우에는 의존하고 있는 서비스가 완벽히 실행되기 전까지, 해당 서비스가 실행되지 않도록 지시할 수 있다:

```
services:
  task-manager:
    build: .
    image: task-manager:0.1
    ports:
      - 8080:8080
    environment:
      - REDIS_HOST=redis:6379
    depends_on:
      - redis
```

엔트리 포인트, 인자, 그리고 환경변수

우리의 task-manager 서비스를 실행하기 전, Redis 데이터베이스에 일부 데이터를 미래 적재하고 싶을 수도 있다. 이를 위한 방법에는 여러 가지가 있다. 여기에서는 **Redis CLI**를 사용하여 다른 redis 컨테이너를 실행하는 방법을 사용해 볼 것이다. 이를 위해서는 엔트리 포인트를 오버라이드하고 커스텀 인자를 명세하는 것이 필요하다.

초기 서비스를 다음과 같이 시작해보자:

```
  redis-populate:
    image: redis
```

```
    depends_on:
      - redis
```

지금은 동작하지 않지만, 계속해서 만들어나갈 것이다.

환경 파일들

이미 환경변수들을 키-값 메소드를 활용해 사용하였으니, 이제는 파일을 사용하는 것을 시도해보자. 환경변수 파일은 Redis CLI가 연결하는 호스트와 포트 정보를 포함한다:

```
HOST=redis
PORT=6379
```

다음 과정은 redis-populate 서비스에 env file을 추가하는 것이다:

```
  redis-populate:
    image: redis
    depends_on:
      - redis
    env_file:
      - ./env.redis-populate
```

스크립트

Redis CLI에서 명령어들을 수행하는 스크립트를 만들어 보자. 응용을 시작하기 전에 태스크를 추가하고 싶다고 가정 해보자. 우리는 필요한 명령어들을 txt 파일에 넣어놓을 것이다:

```
HMSET task:a3a597d1-26f8-43e5-be05-81373f2c0dc3 Id a3a597d1-
26f8-43e5-be05-81373f2c0dc3 Name "Existing Task" Description "A
task that was here before" Timestamp 1645393434000
ZADD tasks 1645393434000 "a3a597d1-26f8-43e5-be05-81373f2c0dc3"
```

우리는 파이프(pipe)를 사용하여 명령어들이 Redis CLI를 통해 수행되도록 전달할 것이다. 환경변수는 명령어들이 다른 서버들에서 수행될 수 있도록 돕는다. txt 파일로부터 Redis 명령어들을 실행시킬 스크립트는 아래와 같을 것이다:

```
#!/bin/sh

cat $1| redis-cli -h $HOST -p $PORT
```

이 명령어들은 실행 가능한 스크립트로 만들어지고, 아래와 같은 방법으로 redis-populate 컨테이너에 추가될 것이다:

```
  redis-populate:
    image: redis
    depends_on:
      - redis
    env_file:
      - ./env.redis-populate
    volumes:
      - ./redis-populate.txt:/redis-populate.txt
      - ./redis-populate.sh:/redis-populate.sh
```

커스텀 엔트리 포인트

스크립트를 실행시키고 데이터베이스에 데이터를 채워넣기 위해서는, 도커 엔트리 포인트를 수정해야 한다:

```
  redis-populate:
    image: redis
    entrypoint: ["/redis-populate.sh","/redis-populate.txt"]
    depends_on:
      - redis
    env_file:
      - ./env.redis-populate
    volumes:
      - ./redis-populate.txt:/redis-populate.txt
      - ./redis-populate.sh:/redis-populate.sh
```

커스텀 엔트리 포인트와 환경변수 덕분에, 우리는 응용에 일부 데이터들을 미리 적재할 수 있다.

라벨

라벨은 Compose에서 사용될 수 있는 도커의 특징이다. 라벨을 통해, 이미지나 컨테이너, 네트워크, 볼륨과 같은 도커 오브젝트들에 메타데이터(metadata)를 적용할 수 있다. 이는 응용들을 체계화하는 것을 도와준다. 예를 들어 라벨 필터를 이용하여 논리적 그룹화하거나 자원 검색이 가능하다.

이미지

이미지를 생성할 때 라벨을 지정할 수 있다.

```
build:
  context: .
  labels:
    - com.packtpub.compose.app=task-manager
```

그러면, 다음과 같은 방법으로 라벨을 사용하여 연관된 이미지들을 필터할 수 있다:

```
$ docker images --filter "label=com.packtpub.compose.app=task-
manager"

REPOSITORY     TAG    IMAGE ID       CREATED         SIZE
task-manager   0.1    de4b8f7c9fff   15 hours ago    529MB
```

컨테이너

서비스 섹션에서는, 컨테이너에 태그를 추가할 수 있다:

```
redis:
  image: redis
  ports:
    - 6379:6379
  labels:
    - com.packtpub.compose.app=task-manager
```

그러면, 컨테이너들을 라벨을 사용하여 필터할 수 있다:

```
docker images --filter "label=com.packtpub.compose.app=task-
manager"

$ docker ps --filter="label=com.packtpub.compose.app=taskmanager"
CONTAINER ID    IMAGE              COMMAND
CREATED           STATUS                PORTS
NAMES
98c45777bdcd    redis              "docker-entrypoint.s…"     58
seconds ago   Up 57 seconds            0.0.0.0:6379->6379/tcp
chapter2-redis-1
```

우리는 성공적으로 docker compose를 사용해 응용을 패키징 하고, 도커 이미지를 만들고, 또한 라벨링 하였다. 이러한 기능들은 코드 베이스 구현부터 도커 컨테이너를 실행시키는 것까지, 응용을 docker compose에서 수행하는 모든 것을 도와준다.

2.8 요약

이 장에서 우리는 docker compose에서 실행되는 멀티 컨테이너 응용을 생성해 보았다. 또한 이미지 생성과 태깅, 같은 네트워크 내에서 컨테이너간 통신, 헬스 검사, 라벨링, 엔트리 포인트 구성 등과 같은 docker compose 특징들을 이해하였다. 이 특징들은 수동적인 도커-기반 관리에서 docker compose-기반 관리로의 전환을 간편하게 만들어준다. 복잡한 응용을 패키지할 수 있는 것은, docker compose를 활용하여 우리의 멀티 컨테이너 응용을 배포할 기반이 된다.

다음 장에서는 네트워킹과 볼륨 관리에 대해 알아볼 것이다. 이를 통해 도커의 볼륨과 네트워크 개념이 어떻게 docker compose와 연관되는지 알아볼 것이다.

CHAPTER 3

네트워크와 볼륨 핵심

이전 장에서 우리는 핵심 Go 응용을 만들고, Redis 서버를 사용하여 저장소를 제공하였다. 이 핵심 응용을 만드는 과정을 통해, 헬스 체크나 이미지 생성, 태깅, 라벨을 사용한 논리적인 그룹화 등 도커의 고급 개념들에 대해 알아볼 수 있었다. 사실 **볼륨**과 **네트워킹**은 그 이전 장들에서도 사용이 되었었다. 단지, 상세히 논의하지 않고 투명하게 사용되었을 뿐이다. 이 장에서는 네트워크와 볼륨을 광범위하게 집중하여 논의한다. 또한, 어떻게 Compose 기반의 응용에 설정할 수 있는지 다뤄 볼 것이다.

이 장의 첫 번째 부분에서는 1) 볼륨이 어떻게 Compose로 연결되고, 2) 내부적으로 어떻게 동작하며, 3) 어떻게 사용되는지에 대하여 설명한다. 실제로 볼륨은 도커에서 매우 중요한 역할을 한다. 이것은 응용이 필요한 외부의 서류와 파일들을 첨부할 수 있도록 해주기 때문이다. 또한, 볼륨은 공유될 수도 있으며, 이를 통해 응용의 연산들을 돕기 위해 사용될 수 있다.

두 번째 부분에서는 네트워크에 대해 설명한다. 도커는 네트워킹을 간단하고 투명하게 제공한다. 또한, 멀티-호스트 통신, 응용들 사이의 다른 네트워크 계층의 사용, 그리고 컨테이너들의 더 나은 격리 등을 보장해줄 수 있는 다양한 옵션들과 특별한 시나리오들에 대해 배울 것이다.

이 장에서는, 다음의 주제들을 다룰 것이다:

- 도커 볼륨에 대한 설명

- 컨테이너에 도커 볼륨 연결하기
- 도커 볼륨 드라이버
- Compose 파일에서 도커 볼륨 선언
- 기존의 응용에 도커 볼륨 연결
- 구성 파일 생성
- 볼륨을 사용한 파일 마운팅
- 도커 네트워킹
- Compose 구성에 네트워크 정의
- 응용에 별도의 네트워크 추가

3.1 기술적 요구사항

이 책의 코드는 GitHub(`https://github.com/PacktPublishing/A-Developer-s-Essential-Guide-to-Docker-Compose`)에서 내려받을 수 있다. 코드에 대한 업데이트가 있으면 GitHub 저장소에도 동시에 업데이트될 것이다.

3.2 도커 볼륨에 대한 설명

응용을 개발할 때 중요한 고려사항 중에 하나는 파일 시스템과 상호작용하는 연산들을 활용하는 방법에 관한 것이다. 이러한 연산들을 데이터 저장소를 위한 목적으로 구동될 뿐만 아니라, 설정을 위한 목적으로 구동되기도 한다. 예를 들어, 데이터를 처리하고 저장하기 위해 파일시스템이 필요한 데이터베이스 응용을 생각해 보자. 응용이 사용하는 구성들도 똑같이 파일시스템이 필요하다. *XML* 구성(XML configuration)에 크게 의존하는 JEE 응용을 가정해보자.

이 응용은 파일시스템 안에서 데이터를 읽고 저장할 수 있어야 한다. 도커 컨테이너에서 디스크 연산들의 문제점은, 컨테이너가 종료되면 모든 변경 내용들이 사라진다는 것이다. 이러한 문제점을 해결하기 위해, 도커는 볼륨을 제공한다. 볼륨은 컨테이너에서 생성되고 사용되는 데이터를 영속적으로 유지하려 할 때(persisting) 선호되는 기법이다.

볼륨의 특징들을 정리하면 다음과 같다:

- 컨테이너가 삭제된 이후에도 볼륨과 그 데이터는 남는다.
- 볼륨은 다른 컨테이너에 연결될 수 있다.
- 볼륨은 하나 이상의 컨테이너에서 동시에 사용될 수 있다.
- 볼륨은 추상화된 객체이다.
- 볼륨은 로컬과 원격 둘 다 가능하다.

이제 볼륨이 무엇을 제공할 수 있는지에 대한 개관(overview)을 살펴봤으니, 다음 섹션에서는 볼륨을 컨테이너에 추가하고 상호작용하는 방법을 알아보겠다.

3.3 컨테이너에 도커 볼륨 연결하기

아래 명령을 사용하여 우리의 첫 번째 도커 볼륨을 만들어보자:

```
$ docker volume create example-volume
example-volume
```

방금 생성한 볼륨을 조사해 보자:

```
$ docker volume ls --filter="name=example-volume"
--format='{{json .}}'
{"Driver":"local","Labels":"","Links":"N/A","Mountpoint":"/var/
lib/docker/volumes/example-volume/_data","Name":"example-volume
","Scope":"local","Size":"N/A"}
```

조사를 통해 볼륨이 로컬 드라이브를 사용하고 있다는 것을 알 수 있다. 로컬 드라이브는 볼륨을 만들 때 디폴트로 사용하는 옵션이다. 볼륨 데이터는 도커 엔진이 실행되고 있는 호스트에 존재한다. 또한, 로컬 파일시스템 내에 마운트 포인트가 존재한다. 이 부분이 호스트에서 물리적으로 볼륨 데이터가 존재하는 곳이다.

이 만들어진 볼륨을 컨테이너에 포함하여 사용해 보자. 우리는 볼륨을 연결하고, 그 위에

데이터를 써 볼 것이다. 이것은 --mount 명령을 사용하여 볼륨을 컨테이너로 마운팅함으로 가능하다:

```
$ docker run -it --rm --name example-volume-container --mount
source=example-volume,target=/storage bash
bash-5.1# echo some-text > /storage/data-file.txt
bash-5.1# cat /storage/data-file.txt
some-text
bash-5.1# exit
```

방금 실행한 것을 단계별로 알아보자.

1. 배시 컨테이너를 대화형 모드로 실행하였다.
2. 컨테이너를 빠져나오면, 컨테이너는 중지 및 삭제된다.
3. 우리는 /storage 경로에 볼륨을 마운트 하였다.
4. 그 경로에 파일을 만들었다.
5. 위의 파일은 볼륨 내에서 영속될 것이다.

우리는 다른 컨테이너를 만들고, 볼륨을 마운트할 것이다. 그리고, 만들었던 파일이 여전히 존재하는지 다음과 같은 명령으로 살펴볼 것이다:

```
$ docker run -it --rm --name second-volume-container --mount
source=example-volume,target=/storage bash
bash-5.1# cat /storage/data-file.txt
some-text
```

예상대로 마운트된 볼륨 안에 파일이 존재한다.

다른 터미널에서 컨테이너와 마운트 부분을 살펴보면 다음과 같다:

```
$  docker inspect second-volume-container --format '{{json
.Mounts}}'
[{"Type":"volume","Name":"example-volume","Source":"/var/
lib/docker/volumes/example-volume/_data","Destination":"/
storage","Driver":"local","Mode":"z","RW":true,
"Propagation":""}]
```

수행 결과를 통해 알 수 있듯이, 볼륨은 컨테이너에 연결되었고 볼륨의 정보와 목적지 디렉토리를 가지고 있다. 두 터미널 세션을 모두 종료하자. 볼륨을 만들고 컨테이너에 성공적으로 연결했으니, 이제부터는 볼륨이 어떻게 공유되는 알아보자.

볼륨 공유

지금까지 우리는 하나의 볼륨을 하나의 컨테이너에 연결하였다. 그 이후 우리는 첫 번째 컨테이너를 멈추고 또 다른 컨테이너에 볼륨을 마운트 하였다. 그리고 이전 컨테이너에서 저장했던 데이터를 다른 컨테이너에서 찾을 수 있었다. 여기서, 우리는 볼륨이 여러 컨테이너에 연결될 수 있다는 유용한 특징을 제공함을 알 수 있다. 아래의 명령어를 병렬로 실행시키면, 같은 볼륨에 쓰기가 동시에 수행될 것이다.

```
$ docker run -it --rm  --name container-2 --mount
source=example-volume,target=/storage bash -c "for i in \$(seq
1 1 100000); do echo \$HOSTNAME \$i >> /storage/\$HOSTNAME.txt
; done"
$ docker run -it --rm  --name container-1 --mount
source=example-volume,target=/storage bash -c "for i in \$(seq
1 1 100000); do echo \$HOSTNAME \$i >> /storage/\$HOSTNAME.txt
; done"
```

예상대로, 볼륨을 연결하고 디렉토리를 살펴보면, 두 개의 서로 다른 파일이 만들어졌음을 확인할 수 있다:

```
$ docker run -it --rm  --name container-1 --mount
source=example-volume,target=/storage bash
bash-5.1# ls /storage
770bdfc4dc94.txt  b9b09390cf17.txt data-file.txt
```

이렇게 두 컨테이너 모두 볼륨에 파일을 성공적으로 저장하였다.

읽기-전용 볼륨

우리는 성공적으로 원본 볼륨을 제2의 컨테이너에서 사용하였다. 다른 시나리오로, 한 컨테이너에서만 기록이 가능하고 다른 컨테이너들은 영속된 데이터를 읽기-전용 권한(permissions)으로만 접근하는 경우도 가능하다.

아래의 예시에서 볼 수 있듯, 볼륨을 읽기-전용으로 마운트 하면 어떤 파일도 쓸 수 없다:

```
$ docker run -it --rm  --name read-only-volume-container
--mount source=example-volume,target=/storage,readonly bash
bash-5.1# cat /storage/data-file.txt
some-text
bash-5.1# touch /storage/test.txt
touch: /storage/test.txt: Read-only file system
bash-5.1# exit
```

지금까지 우리는 볼륨을 컨테이너에 마운트 하여 사용하는 것에 익숙해졌다. 또한, 볼륨을 읽기-전용으로 마운트 해보았다. 다음 섹션에서는, 볼륨 드라이버와 볼륨 드라이버가 제공하는 기능들에 대해서 알아볼 것이다.

3.4 도커 볼륨 드라이버

우리는 앞에서 도커 볼륨을 만들고 컨테이너에서 사용해보았다. 이전 예시에서 나온 볼륨의 정보를 자세히 살펴보면, 몇 가지 의미 있는 정보들을 얻을 수 있다.

```
$ docker volume inspect example-volume
[
    {
        "CreatedAt": "2022-03-08T07:01:29Z",
        "Driver": "local",
        "Labels": {},
        "Mountpoint": "/var/lib/docker/volumes/example-volume/_
data",
        "Name": "example-volume",
        "Options": {},
        "Scope": "local"
    }
]
```

여기서, "Driver"가 "local"로 설정된 것을 볼 수 있다. 이는 데이터가 우리의 워크스테이션에 지역적으로 존재하고, 드라이버를 통해 도커 컨테이너에서 VM 경로로 디스크 작업이 가능하다는 것을 의미한다.

우리는 이를 통해 파일의 물리적인 위치를 알아볼 것이다. 이 예는 macOS에서 실행된 것이며, 우리는 도커 엔진을 호스트하는 가상 머신(VM)에 연결하려 한다. 이 작업을 아래의 `netcat`을 사용하여 수행해 보자:

```
$ nc -U ~/Library/Containers/com.docker.docker/Data/debugshell.
sock
/ # cat /var/lib/docker/volumes/example-volume/_data/data-file.
txt
cat /var/lib/docker/volumes/example-volume/_data/data-file.txt
some-text
/ # exit
exit
```

위 명령의 수행을 단계별로 알아보자. 참고로 macOS와 Windows에서는 도커 엔진이 VM에서 실행된다.

1. VM을 쉘을 통해 접속하여 디렉토리를 조사한다.
2. VM에 접속하면, 데이터가 안에 있다는 것을 확인할 수 있다.

지금까지 예제에서 우리는 볼륨이 어디에나 위치할 수 있다는 것을 이해하였다. 드라이버는 이러한 볼륨을 사용할 수 있게 만들어 준다.

볼륨 드라이버들은 원격 파일시스템과 상호 작용하고, 거기에 영속적인 데이터 저장을 가능하게 한다. 사용 가능한 드라이버는 Azure File Storage나 NFS, AWS EFS 등이 있다.

지금까지 알아본 것처럼 볼륨은 지역뿐만 원격 호스트에 존재할 수 있다는 특징이 있다. 그 외의 특징으로는 기능 추가가 가능하다. 예들 들어 데이터 이동 중 또는 저장할 때 고유의 암호화(proprietary encryption) 기능을 추가할 수 있다.

볼륨 드라이버 사용과 지역적 마운팅

바로 앞 섹션의 내용에 따르면, 원격 파일시스템과의 상호작용에는 다양한 옵션들이 있다. 한 가지 옵션은 원격 파일시스템을 호스트로 마운트하는 것이다. 사실 이 옵션은 드라이브의 기능을 바이패스한다. 이렇게 하면, 마운트된 호스트를 통해서 원격 파일시스템이 컨테이너에 연결될 수 있다. 선택은 사용자와 유스케이스에 날려있다. 유스케이스에는 적은 유지관리 부하로부터 볼륨 드라이버가 제공하는 맞춤형 처리까지 다양하게 확장될 수 있다.

지금까지 우리는 커맨드 라인을 활용하여 볼륨을 만들고, 볼륨이 내부적으로 작동하는 방식과 드라이버를 사용한 원격 파일들과 상호작용하는 방법들에 대해 알아보았다. 다음 섹션에서는 여기서 얻은 볼륨에 대한 지식을 Compose 응용에서 활용하는 방법을 배울 것이다.

3.5 Compose 파일에서 도커 볼륨 선언

우리는 도커 볼륨을 만들고 사용해 보았으며, 또한 볼륨의 특징들을 알아보았다. 다음 단계는 Compose를 활용해 볼륨을 만들고 사용하는 것이다. Compose에서는 볼륨은 다음에서 보이는 volumes 섹션에 정의되어있다:

```
services:
  nginx:
    image: nginx
volumes:
  example-compose-volume:
```

volumes의 구성 옵션(configuration option)은 다음처럼 *example labels*에 적용될 수 있다:

```
services:
  nginx:
    image: nginx
volumes:
  example-compose-volume:
    labels:
      - com.packtpub.compose.app=volume-example
```

다른 대안으로는, 아래의 예처럼 nfs를 사용하도록 구성된 드라이버와 같은 더 고급의 구성을 가질 수 있다:

```
services:
volumes:
  nfsvol:
    driver_opts:
      type: "nfs"
      o: "addr=127.0.0.1,nolock,rw"
      device: ":/data"
```

지금까지 우리는 Compose를 사용하여 볼륨을 만들고 구성하였다. 이제부터는 이미 만들어놓은 Compose 응용에서 볼륨을 사용할 수 있도록 조정하는 작업을 배워보자.

3.6 기존의 응용에 도커 볼륨 연결

이전 장에서 우리는 Redis 데이터베이스를 사용한 작업 관리자를 만들어 보았다. Redis는 데이터베이스로써 백업 및 다른 디스크 연산을 수행한다.

우리의 이전 Redis Compose의 구성은 다음과 같았다:

```
services:
  redis:
    image: redis
    ports:
      - 6379:6379
    labels:
      - com.packtpub.compose.app=task-manager
```

Redis는 다양한 영속성을 갖는다(`https://redis.io/topics/persistence`). 여기에는 *point-in-time*부터 *AOF(Append-Only File)* 기반의 영속성 등이 있다. 우리는 Redis가 제공하는 point-in-time 스냅샷(snapshot) 옵션에 주목할 것이고, 여기서 볼륨은 스냅샷들을 저장하는 용도로 사용할 것이다.

디폴트로 Redis 도커 이미지의 `rdb` 백업들은 `/data` 디렉토리에 저장된다. 이 위치로 볼륨을 마운트해보자.

우선, 다음과 같이 볼륨을 만들자:

```
volumes:
  redis-data:
    labels:
      - com.packtpub.compose.app=task-manager
```

그 이후, 다음과 같은 방법으로 볼륨을 컨테이너에 연결하자:

```
services:
  redis:
    image: redis
    ports:
      - 6379:6379
    volumes:
      - redis-data:/data
```

볼륨이 데이터베이스로 연결됐으므로, 백업들은 볼륨에 저장되고 다른 컨테이너들을 통해 접속될 수도 있다. 다음 섹션에서는, 백업의 빈도를 높이기 위해 Redis 서비스를 위한 맞춤형 구성을 만들 것이다.

3.7 구성 파일 생성

문서에 따르면, Redis는 60초 동안 최소한 하나의 키가 변화하면 스냅샷을 생성하도록 하는 것이 가능하다. 이를 위한 Redis의 구성은 다음과 같을 것이다:

```
dbfilename taskmanager.rdb
save 60 1
```

여기서, 우리는 백업의 이름을 `taskmanager.rdb`로 바꾸었다. 이렇게 하면 Redis는 최소한 하나의 키가 변하면 60초마다 스냅샷을 생성한다. 이제 구성이 준비되었으니, 앞에서 Compose를 사용해 만들었던 데이터베이스에 구성 파일을 연결할 방법이 필요하다.

3.8 볼륨을 사용한 파일 마운팅

만들어진 구성 파일은 bind mounts를 통해 마운트 될 것이다. Bind mount는 도커 엔진이 실행되고 있는 워크스테이션에 있는 파일을 도커 컨테이너에 마운트 될 수 있도록 해준다. Compose를 사용할 때, bind mounts는 볼륨 섹션에 정의되어 있다. 이는 볼륨과 같은 섹션에 나와 있어 혼동을 줄 가능성이 있지만, 이것은 *bind mount*라는 것을 주의하자.

Redis 구성 파일을 컨테이너에 마운트 하고 엔트리 포인트를 다음과 같이 바꾸자:

```
services:
  redis:
    image: redis
    ports:
      - 6379:6379
    entrypoint: ["redis-server","/usr/local/etc/redis/redis.
conf"]
    labels:
      - com.packtpub.compose.app=task-manager
    volumes:
      - ./redis.conf:/usr/local/etc/redis/redis.conf
      - redis-data:/data
```

컨테이너를 살펴보면, 파일이 bind mount를 사용하여 마운트 됐음을 알 수 있다:

```
$ docker inspect chapter3-redis-1 --format '{{json .Mounts }}'
...
        {
            "Type": "bind",
            "Source": "/path/to/repo/A-Developer-s-
Essential-Guide-to-Docker-Compose/Chapter3/redis.conf",
            "Destination": "/usr/local/etc/redis/redis.
conf",
            "Mode": "rw",
            "RW": true,
            "Propagation": "rprivate"
```

```
        }
...
```

이제 Redis가 볼륨에서 point-in-time 스냅샷을 생성할 수 있도록 구성하였으므로, 원본 백업 볼륨에 대한 읽기 권한을 가진 또 다른 프로세스를 사용해 스냅샷들의 백업을 만들어보겠다.

읽기 전용 볼륨 마운팅

시간이 지남에 따라 만들어진 스냅샷들을 파일에 저장하고 싶을 것이다. 이렇게 하면 특정 시간의 데이터베이스를 복원할 수 있기 때문이다. 한편, 이 백업들을 백업만을 위한 또 다른 볼륨에 따로 저장하고 싶을 수도 있다. 이때 다음과 같이 설정하면 된다:

```
...
     volumes:
         - ./redis.conf:/usr/local/etc/redis/redis.conf
         - redis-data:/data
volumes:
   redis-data:
   backup:
```

이를 위해 또 다른 컨테이너가 도입될 것이다. 이 컨테이너가 Redis 백업들을 복사하여 백업 폴더로 옮기는 작업을 책임질 것이다. 이 컨테이너는 복잡하지 않다. 이것은 몇 초마다 실행되는 간단한 배시 스크립트(bash script)이다.

Redis 백업들의 복사를 위한 배시 스크립트는 다음과 같다:

```
#!/bin/sh

while true; do cp /data/taskmanager.rdb /backup/$(date +%s
).rdb; sleep $BACKUP_PERIOD; done
```

컨테이너는 이 스크립트를 실행한다. 이제 필요한 것은 모두 갖추었으므로, 컨테이너를 구성해보자.

두 볼륨 모두 마운트 되어야 한다. Redis 백업 볼륨은 **읽기 전용**일 것이다. 백업 프로세스의 임무는 Redis 데이터 디렉토리의 파일을 복사하고, 백업하는 중에 타임스탬프를 덧붙이는(append) 것이다:

```
  redis-backup:
    image: bash
    entrypoint: ["/snapshot-backup.sh"]
    depends_on:
      - redis
    environment:
      - BACKUP_PERIOD=10
    volumes:
      - ./snapshot-backup.sh:/snapshot-backup.sh
      - redis-data:/data:ro
      - backup:/backup
volumes:
  redis-data:
  backup:
```

우리는 데이터에 읽기 전용 옵션을 사용했다는 것에 주의하자. 이는 아래와 같은 다른 방법으로도 설정될 수 있다:

```
    volumes:
      - type: volume
        source: redis-data
        target: /data
        read_only: true
```

우리의 Redis 데이터베이스는 다음과 같이 스냅샷 백업 프로세스를 포함하고 있다:

```
services:
  ...
  redis-backup:
    image: bash
    entrypoint: ["/snapshot-backup.sh"]
    depends_on:
      - redis
    environment:
      - BACKUP_PERIOD=10
```

```
      volumes:
        - ./snapshot-backup.sh:/snapshot-backup.sh
        - redis-data:/data:ro
        - backup:/backup
      labels:
        - com.packtpub.compose.app=task-manager
volumes:
  redis-data:
    labels:
      - com.packtpub.compose.app=task-manager
  backup:
    labels:
      - com.packtpub.compose.app=task-manager
```

구성이 끝났으니 Compose 응용을 실행해보자:

```
$ docker compose up
```

이제 2장 'Compose를 이용해 첫 응용 실행하기'에서 수행한 cURL 요청들을 실행시킬 수 있을 것이다.

지금까지 우리는 Compose 기반 Redis 서비스를 볼륨을 사용하도록 수정하였다. 또한, 우리는 읽기 전용 모드로 백업 볼륨을 마운트 하고 백업들을 백업 용도의 컨테이너에 저장하는 백업 프로세스를 수행하기 위해 다른 서비스를 추가하였다. 다음 섹션에서는 도커 네트워킹에 대해서 알아보고, Compose에 어떻게 적용할 수 있는지 배울 것이다.

3.9 도커 네트워킹

도커의 중요한 특징 중의 하나는 네트워킹이다. 도커 상에서 동작하는 컨테이너들은 서로 투명하게 통신하고 상호작용 한다. 네트워크 계층 덕분에, 도커는 다음과 같은 다양한 효율적인 네트워킹 기능들을 제공한다:

- 사설 네트워크
- 내부 DNS

- 컨테이너 통신
- 컨테이너 브리징(Bridging)

현재 실행되고 있는 네트워크들을 살펴보자:

```
$ docker network ls
NETWORK ID     NAME               DRIVER   SCOPE
6a149c758fc2   bridge             bridge   local
9ec7758d7050   chapter1_default   bridge   local
7c95e79497b6   chapter2_default   bridge   local
16fda3c38e57   chapter3_default   bridge   local
4a6d6a3e8475   host               host     local
be28a5cd8a16   none               null     local
```

도커의 네트워크들은 다양한 형태로 나타난다. 가능 많이 사용되는 형태들은 다음과 같다:

- 브리지(Bridge)
- 호스트
- 오버레이(Overlay)

다음 섹션에서 각각에 대해 알아보자.

브리지

브리지는 도커를 사용할 때 디폴트 네트워크 드라이버이다. 도커의 브리지 네트워크는 같은 브리지 네트워크에 연결된 컨테이너 간의 연결성을 제공해주는 소프트웨어 계층이다. 또한, 이 컨테이너들은 브리지 네트워크에 연결되지 않는 컨테이너들과는 격리되어 있다.

도커에서 네트워크들을 살펴보았을 때, bridge라는 이름은 네트워크를 보았다. 이 네트워크가 컨테이너가 연결된 디폴트 네트워크인 것이다.

다음과 같이 nginx 컨테이너를 실행시켜 컨테이너가 연결된 네트워크를 확인하자:

```
$ docker run --rm -p 8080:80 --name nginx-compose nginx
```

컨테이너가 제대로 작동하고 있으며, 다음과 같이 다른 터미널로 네트워크를 살펴보는 작업을 계속하자:

```
$ docker inspect --format '{{json .NetworkSettings.Networks }}'
nginx-compose
{"bridge":{"IPAMConfig":null,"Links":null,"Aliases":null,
"NetworkID":"6a149c758fc27c0c719b7c3c26b74c8f03c866ae1406ac
2902a1c45af720a79d","EndpointID":"4323e8f8bbceafcb74491e159
5073adc063fb424f87259ad1dd02078f59eeb13","Gateway":"172.
17.0.1","IPAddress":"172.17.0.2","IPPrefixLen":16,"IPv6Gateway"
:"","GlobalIPv6Address":"","GlobalIPv6PrefixLen":0,"MacAddress"
:"02:42:ac:11:00:02","DriverOpts":null}}
```

컨테이너가 디폴트 브리지 네트워크에 연결되었음을 확인할 수 있다:

```
$  NETWORK_ID=$(docker inspect --format '{{json .NetworkSettings
.Networks.bridge.NetworkID }}' nginx-compose|sed 's/"//g')
$  docker network ls --filter ID=$NETWORK_ID
NETWORK ID      NAME        DRIVER      SCOPE
6a149c758fc2    bridge      bridge      local
```

이제 CTRL-C로 실행시킴으로써 터미널 세션을 종료할 수 있다.

사용자 정의 브리지 네트워크

사용자 정의 브리지 네트워크는 디폴트 네트워크보다 우선해서 사용된다. 컨테이너들은 서로의 네트워크 위치를 이름이나 alias를 통해 알아낸다:

- 컨테이너들은 응용에 묶인 네트워크에 연결되어있다.
- 브리지 네트워크는 응용의 필요에 따라 구성될 수 있다.

호스트

도커 호스트를 사용하면, 컨테이너는 격리되지 않는다. 컨테이너는 자신의 IP 주소를 가지고 있지 않으며, 호스트 IP를 통해 접속된다.

다음과 같은 방법으로 nginx 인스턴스를 호스트 네트워크를 사용해 실행할 수 있다:

```
$ docker run --rm --network host --name host-nginx nginx
```

서버가 제대로 실행되고 있는지, localhost를 통해 앞의 컨테이너를 또 다른 컨테이너

로 접속하여 확인해 보자. 이를 위해 다른 터미널에서 아래의 명령어를 실행해보자:

```
$ docker run -it --network host --rm --name nginx-wget bash
wget -O- localhost:80
Connecting to localhost:80 ([::1]:80)
writing to stdout
<!DOCTYPE html>
<html>
<head>
...
```

여기서, 컨테이너들을 네트워크에 연결하는 대신에 호스트 네트워크에 마운트 하였다. 예상대로, 컨테이너는 할당된 IP가 없다. 그러므로, localhost에 대한 요청들은 호스트로 보내진다. 이러한 과정을 통해 nginx-wget 컨테이너가 host-nginx 컨테이너를 접속하는 것이 가능하다.

오버레이

지금까지 논의한 네트워크들은 하나의 호스트(one host)에 설치된 도커 엔진에 대상으로 하였다. 그러나, 도커가 Swarm 같은 오케스트레이션 엔진에서 동작하기 위해서는 다중 호스트(multiple hosts)를 필요로 한다. 오버레이 네트워크는 이러한 호스트들 간에 분산된 네트워크를 만들 때 사용한다. 오버레이 네트워크는 호스트 네트워크들을 연결하여 그 위에 통합된 단일한 네트워크를 만든다. 이제 도커 네트워크와 그 작동 방식에 대해서 알아봤으니, Compose와는 어떻게 작동하는지에 대해 알아볼 것이다.

3.10 Compose 구성에 네트워크 정의

지금까지, 컨테이너들은 투명하게 실행되고 통신하였다. 이는 Compose 응용을 실행할 때, 브리지 네트워크가 자동으로 만들어졌기 때문이다. 이전 예제들에서, 컨테이너들은 다른 Compose 서비스들과 상호작용하거나 통신할 때 다음과 같은 alias를 활용하였다:

```
$ docker network ls --filter name=chapter1_default
```

```
NETWORK ID      NAME                 DRIVER     SCOPE
9ec7758d7050    chapter1_default     bridge     local
```

이러한 설정도 어느 정도는 괜찮을 수 있다. 하지만, 네트워크에 대한 다른 이름을 사용하는 것이 필요할 때가 발생한다.

Compose에 네트워크를 추가하는 것은 간단하다:

```
networks:
  task-manager-pubic-network:
    labels:
      - com.packtpub.compose.app=task-manager
```

하지만, 네트워크를 만드는 것만으로는 충분하지 않다. 컨테이너들이 네트워크에 연결되어야 하기 때문이다. 이를 위해 아래처럼 응용과 서비스마다 네트워크 부분을 반복하여 명시해야 한다. 일부 적응을 통해, Compose 파일이 서비스들을 네트워크 하에 둘 수도 있다:

```
// Chapter3/docker-compose.yaml
services:
  task-manager:
    build:
      context: ../Chapter2/.
      labels:
        - com.packtpub.compose.app=task-manager
    image: task-manager:0.1
    ...
    networks:
      - task-manager-pubic-network
    labels:
      - com.packtpub.compose.app=task-manager
  redis:
    image: redis
    ...
    networks:
      - task-manager-pubic-network
    labels:
      - com.packtpub.compose.app=task-manager
```

```
  redis-backup:
    image: bash
    ...
    networks:
      - task-manager-pubic-network
    labels:
      - com.packtpub.compose.app=task-manager
...
networks:
  task-manager-pubic-network:
    labels:
      - com.packtpub.compose.app=task-manager
```

우리는 Compose 응용을 위한 네트워크를 만들고 서비스들을 연결할 수 있었다.

다음은, 아래처럼 응용을 작동시킬 것이다:

```
$ docker compose up
```

우리 서비스가 네트워크에 연결되어 있으므로, 존재하는 도커 네트워크들을 살펴볼 것이다:

```
$ docker network ls
NETWORK ID      NAME                                 DRIVER
SCOPE
6a149c758fc2    bridge                               bridge
local
ce5aa144f0f9    chapter3_task-manager-pubic-network  bridge
local
4a6d6a3e8475    host                                 host
local
be28a5cd8a16    none                                 null
local
```

모든 우리의 컨테이너들이 새롭게 만들어진 네트워크에 연결되어있어, 하나의 네트워크 하에 관리되고 있다. 이전에 디폴트로 만들어지던 Compose 네트워크는 사라진 것을 알 수 있다.

3.11 응용에 별도의 네트워크 추가

지금까지 컨테이너들이 투명하게 실행, 통신할 수 있도록 하였다. 그리고, 우리는 이 서비스들이 사용할 브리지 네트워크를 정의할 수 있었다. 또한 디폴트로 만들어지던 브리지 네트워크가 더는 존재하지 않는다는 것도 관찰할 수 있었다. 지금까지 네트워크가 하나만 사용되는 것을 봐왔으므로, 이제는 Compose에 복수의 네트워크를 추가하는 방법을 알아보자.

이 과정의 목표는 Redis 데이터베이스이다. 현실에서는 데이터베이스가 존재하는 네트워크와 응용과 링크되는 네트워크가 서로 다르다:

```
networks:
  redis-network:
    labels:
      - com.packtpub.compose.app=task-manager
```

이 네트워크에 Redis 데이터베이스를 연결하겠다:

```
  redis:
    image: redis
    ports:
      - 6379:6379
    entrypoint: ["redis-server","/usr/local/etc/redis/redis.
conf"]
    volumes:
      - ./redis.conf:/usr/local/etc/redis/redis.conf
      - redis-data:/data
      - backup:/backup
    networks:
      - redis-network
    labels:
      - com.packtpub.compose.app=task-manager
```

만약 이 상태에서 응용을 실행시키려 한다면, 아래의 에러가 뜰 것이다:

```
{ "id": "8b171ce0-6f7b-4c22-aa6f-8b110c19f838", "name": "A
```

```
task", "description": "A task that need to be executed at the
timestamp specified", "timestamp": 1645275972000 }
```

예상대로, Go 응용은 Redis 서비스가 연결된 네트워크에 접속할 수 없다. 이는 Redis 네트워크에 `task-manager` 응용을 연결함으로써 해결할 수 있다:

```
  task-manager:
    build:
      context: ../Chapter2/.
      labels:
        - com.packtpub.compose.app=task-manager
    image: task-manager:0.1
    ports:
      - 8080:8080
    environment:
      - REDIS_HOST=redis:6379
    depends_on:
      - redis
    healthcheck:
      test: ["CMD", "curl", "-f", "http://localhost:8080/ping"]
      interval: 10s
      timeout: 5s
      retries: 5
      start_period: 5s
    networks:
      - task-manager-pubic-network
      - redis-network
```

지금까지 내용을 통해 컨테이너는 두 개의 네트워크에 연결될 수 있음을 살펴보았다. 이렇게 Redis 네트워크에 컨테이너를 연결하면, 통신이 가능하다.

이제 GET 요청을 실행하면, 아래의 결과를 얻을 수 있다:

```
curl --location --request GET 'localhost:8080/task/8b171ce0-
6f7b-4c22-aa6f-8b110c19f83a'
{"task":{"id":"8b171ce0-6f7b-4c22-aa6f-8b110c19f83a","name":"A
task","description":"A task that need to be executed at the
timestamp specified","timestamp":1645275972000}}
```

3.12 요약

이 장에서는 우리는 볼륨들을 공급하고 Compose 서비스에 연결하고 공유하는 방법을 배웠다. 공유할 때에는 유지보수를 위한 서비스들을 예로 사용하였다. 또한, 도커에서 네트워크를 사용하는 방법을 확인하고, Compose 사용 시나리오와 어떻게 잘 일치시키는 지 알아보았다. 이러한 네트워크들을 사용하여 Compose에서 네트워크 작동 방식과 Compose 응용에서 어떻게 복수의 네트워크가 사용될 수 있는지에 대해 분석하였다.

다음 장에서는 도커 Compose 명령어들에 주목할 것이다. 구체적으로 사용할 수 있는 명령어들에는 무엇이 있고 용도가 무엇인지, Compose 응용들을 관리하고 제공하는 데 어떤 도움을 줄 수 있는지에 대해 자세히 알아볼 것이다.

CHAPTER 4

도커 Compose 명령어 실행

이전 장에서 우리는 Compose 응용에서 도커 네트워크와 볼륨을 사용하는 방법을 중점적으로 다루었다. 도커 네트워크를 사용하면 Compose 응용의 구성요소 간에 연결성을 제공할 수 있다. 한편, 볼륨을 사용하면 입출력 작업을 수행할 수 있으며, 생성된 데이터를 이식성 있게 영속적으로 저장할 수 있다.

지금까지 우리는 응용을 프로비저닝하고 Compose의 구성요소들과 상호작용할 수 있도록 다양한 도커 Compose 명령어를 사용하였다. 이번 장에서는 사용 가능한 Compose 명령어와 그 옵션들에 초점을 맞출 것이다. 사용 가능한 명령어에 대한 개요를 전반적으로 살펴본 후에, 프로비저닝 명령어와 Compose 컨테이너들과 상호작용하는 명령어들에 대해서 자세히 알아볼 것이다. 그 후에는, 정리(cleanup) 명령어에 대해서 알아볼 것이다. 그 이후 응용의 개발을 돕는 명령어들을 다루고, 모니터링 명령어들에 대해서 자세히 살펴볼 것이다.

이 장에서 다룰 주요 주제들은 다음과 같다:

- Compose 명령어 소개
- 도커 CLI와 Compose 명령어
- 프로비저닝 명령어
- 컨테이너 명령어
- 정리(cleanup) 명령어
- 이미지 명령어

- 모니터링 명령어
- 그 외 명령어

4.1 기술적 요구사항

이 책의 코드는 GitHub(`https://github.com/PacktPublishing/A-Developer-s-Essential-Guide-to-Docker-Compose`)에서 내려받을 수 있다. 코드에 대한 업데이트가 있으면 GitHub 저장소에도 동시에 업데이트될 것이다.

4.2 Compose 명령어 소개

Compose에는 컨테이너들과의 상호작용이나 응용 모니터링, 이미지 관리에 사용될 수 있는 다양한 명령어들이 존재한다.

이 장에서는 Compose 명령어들을 살펴보고, 대상 응용에 적용하며, 사용 방법을 세분화시켜 알아보고, 내부적으로 어떻게 작동하는지 이해할 것이다.

우리가 초점을 맞출 명령어들은 다음과 같다:

- `build`
- `create`
- `up`
- `images`
- `pull`
- `push`
- `down`
- `rm`
- `logs`
- `top`
- `ps`

- events

우리는 이러한 명령어들을 배우는 것을 통해 어떤 장점을 얻을 수 있고, Compose 응용에 어떻게 사용하는지 알아볼 것이다.

4.3 도커 CLI와 Compose 명령어

대부분의 명령어는 도커 CLI를 통해 사용했던 명령어들과 비슷해 보일 것이다. Compose 명령어와 도커 CLI의 차이는, CLI 명령어들은 시스템 내의 모든 도커 구성요소를 통해 작동되는 반면, Compose 명령어들은 작동 범위가 docker-compose.yaml 파일에서 명시된 Compose 응용의 문맥 내로 제한되어 있다는 것이다.

내부적으로, Compose 명령어는 Compose 파일을 분석하고 응용에 대한 정보를 검색한다. 도커 엔진에 요청된 API 호출은 앞서서 검색한 정보에 기반한 필터를 포함하며, 응용의 서비스 및 자원들과만 상호작용한다. 예를 들어, ps 명령어는, 도커 CLI를 통해 사용할 때에는 모든 실행 중인 컨테이너를 검색하는 반면, Compose 명령에서는 해당 Compose 응용에서 실행되는 컨테이너들에서만 검색한다.

목표 응용 설정

명령어 예시가 가능하도록, 우리는 전 장들의 작업을 결합하여 Compose 응용을 만들 것이다. 응용은 2장, 'Compose를 이용해 첫 응용 실행하기'에서 개발했던 작업 관리자의 소스 코드와 Redis 데이터베이스를 함께 사용할 것이다.

Compose 서비스의 정의는 아래와 같은 이전 장의 코드를 사용한다:

```
services:
  task-manager:
    build:
      context: ../Chapter2/.
    image: docker.io/library/chapter4_task-manager
    ports:
      - 8080:8080
    environment:
```

```
      - REDIS_HOST=redis:6379
  redis:
    image: redis
    ports:
      - 6379:6379
```

이제 우리는 관심 있는 명령어들을 적용하기 위한 응용을 설정하였다. 다음 절에서, 우리는 자원을 프로비저닝 하는 명령어들을 알아볼 것이다.

4.4 프로비저닝 명령어

Compose 응용 파일이 준비됨으로써, 우리는 응용을 프로비저닝 할 수 있다. 이를 위해 사용할 명령어들은 다음과 같다.

- build
- create
- up

하나씩 살펴보자.

build

이전에 논의하였던 것처럼, Compose에서 도커 이미지를 사용하기 전에 수동으로 도커 이미지를 만들고 태그를 붙일 필요가 없다. Compose가 이미지를 만들고 응용을 위해 사용할 수 있기 때문이다.

build 명령어를 사용하면 이미지가 만들어진다:

```
$ docker compose build
=> => exporting layers
0.0s
...
=> => naming to docker.io/library/chapter4_task manager
0.0s
```

```
$ docker images
REPOSITORY                          TAG             IMAGE ID
CREATED            SIZE
chapter4_task-manager               latest          58247e548811        35
hours ago    529MB
```

build 명령어를 사용함으로써, 작업 관리자 응용을 위한 이미지가 만들어지고, 알맞게 태그가 붙는다. 계속해서 응용을 올리고 실행시켜 보자.

create

create는 up이 대신할 수 있어 이제는 사용되지 않는다. create의 사용 목적은 컨테이너를 실행시키지 않고 컨테이너, 볼륨, 네트워크를 만드는 것이었다. 이 기능은 up-no-start 명령어에 의해 대체되었다:

```
$ docker compose create
[+] Running 3/0
⊞ Network chapter4_default                    Created
0.0s
⊞ Container chapter4-redis-1                  Created
0.0s
⊞ Container chapter4-task-manager-1           Created
```

up

up은 다양한 사용법과 인자들이 있다. 일단 직전의 작업에서 create 명령어를 up으로 대체하면 다음과 같다:

```
$ docker compose up --no-start
[+] Running 3/3
⊞ Network chapter4_default                    Created
0.0s
⊞ Container chapter4-task-manager-1           Created
0.0s
⊞ Container chapter4-redis-1                  Created
$ docker ps -a
```

```
CONTAINER ID    IMAGE                                    COMMAND
CREATED          STATUS                      PORTS       NAMES
3d1ad2f353d3    redis                                    "docker-
entrypoint.s…"  3 seconds ago       Created
chapter4-redis-1
b6d1a5f16313    chapter4_task-manager                    "/
task_manager"           3 seconds ago  Created
chapter4-task-manager-1
```

컨테이너들과 네트워크들이 만들어졌지만 실행되지는 않았다.

자원들은 만들었으므로, 응용을 실행시키겠다. 이를 위한 유용한 명령어는 detached mode로 실행시키는 -d 또는 –detach가 있다. detached mode는 Compose 응용이 터미널에 묶이지 않고 실행될 수 있도록 지원한다:

```
$ docker compose up --detach
[+] Running 2/2
⊞ Container chapter4-task-manager-1    Started
0.3s
⊞ Container chapter4-redis-1           Started
```

이미 자원과 이미지를 생성하였다면, 다음과 같이 --no-build를 사용하여 up 명령어가 이미지를 만들지 않도록 지시할 수 있다:

```
$ docker compose up --no-build --detach
[+] Running 3/3
⊞ Network chapter4_default             Created
0.0s
⊞ Container chapter4-redis-1           Started
0.3s
⊞ Container chapter4-task-manager-1    Started
```

만약 서비스를 업데이트 해야 한다면, 이전의 서비스들에서 자원을 갱신하거나 삭제할 수 있다. 예를 들어, task-manager-2라는 신버전을 출시하는 경우 경우, 이전 컨테이너 버전은 삭제하고 싶을 것이다.

아래와 같이 서비스의 이름을 바꾼다고 가정해보자:

```
services:
  task-manager-2:
..
```

이때 up 명령어를 실행시킨다면, 아래의 경고가 출력될 것이다:

```
$ docker compose up
WARN[0000] Found orphan containers ([chapter4-taskmanager-
2-1]) for this project. If you removed or renamed this
service in your compose file, you can run this command with the
--remove-orphans flag to clean it up.
```

우리는 이를 --remove-orphans를 사용하여 해결할 수 있다:

```
$ docker compose up --remove-orphans
[+] Running 3/0
⊞ Container chapter4-task-manager-1    Removed
0.0s
⊞ Container chapter4-redis-1           Created
```

우리는 이 장에서 나온 프로비저닝 명령어들을 사용하여 응용을 올리고 수행시킬 수 있었다. 이후에는 Compose 서비스가 실행되고 있는 컨테이너들과 상호작용하는 Compose 명령어들을 알아보자. 참고로 다음에 논의될 Compose 명령어들은 컨테이너 간에 상호작용에 초점이 맞추어져 있다.

4.5 컨테이너 명령어

컨테이너 명령어들은 컨테이너를 실행, 중지, 재시작하거나, 컨테이너 내부에서 특정 명령어의 실행 또는 중지를 가능하게 해준다.

exec

지금까지 우리는 도커 exec 명령어를 사용하여 명령어들을 실행시켰다. 도커 Compose

또한 이러한 기능을 제공한다. 차이가 있다면 Compose의 컨테이너에 직접 exec 명령어를 실행시키는 대신, 명령어를 실행시킬 서비스를 지정한다는 것이다. 그렇게 하면 명령어는 해당 서비스의 기반이 되는 컨테이너에 라우팅 될 것이다:

```
$ docker compose exec task-manager ls
go.mod    go.sum    main.go
```

기존 컨테이너들을 살펴보면, 추가로 프로비전 된 컨테이너는 찾을 수 없을 것이다:

```
$ docker ps -a
CONTAINER ID   IMAGE                                              COMMAND
CREATED            STATUS                        PORTS
NAMES
8e559f9bf6d1   chapter4_task-manager                              "/
task_manager"          18 seconds ago     Up 17 seconds
0.0.0.0:8080->8080/tcp    chapter4-task-manager-1
46ca9a239557   redis                                              "docker-
entrypoint.s…"     18 seconds ago     Up 17 seconds
0.0.0.0:6379->6379/tcp    chapter4-redis-1
```

run

run은 exec과 비슷해 보일 수도 있지만, 새로운 컨테이너가 개시된다는 점에서 다르다. 이것은 Compose 파일이 프로비전한 환경에서 컨테이너를 실행 가능하도록 해준다. 또한, 실행된 컨테이너가 이미 생성된 볼륨과 네트워크들에 대한 접근 권한을 갖게 된다:

```
$ docker compose run task-manager sh
/app #
```

아래와 같이 다른 터미널에서, 컨테이너가 실행되고 있는지 살펴보자:

```
$ docker ps -a
CONTAINER ID   IMAGE
COMMAND                       CREATED            STATUS
PORTS                         NAMES
b7920b959c98   host.docker.internal:5000/task-manager:0.1
"sh"                          23 minutes ago     Up 23 minutes
```

```
8080/tcp                    chapter4_task-manager_run_7ad8bcc01122
...
b575f8bcd7d3    host.docker.internal:5000/task-manager:0.1
"/task_manager"             2 hours ago         Up 42 minutes
0.0.0.0:8080->8080/tcp    chapter4-task-manager-1
```

보다시피, chapter4_task-manager_run_7ad8bcc01122라는 새로운 컨테이너가 만들어졌다. 종료하면 컨테이너는 멈출 것이다.

pause

도커에서, pause 명령어는 지정된 컨테이너의 프로세스들을 일지 중지(suspend)시킨다. Compose에서 pause 명령어를 사용하면, 지정된 서비스의 컨테이너들이 일시 중지된다:

```
$ docker compose pause task-manager
[+] Running 1/0
⊞ Container chapter4-task-manager-1    Paused
docker ps
CONTAINER ID    IMAGE                        COMMAND
CREATED          STATUS                       PORTS
NAMES
8e559f9bf6d1    chapter4_task-manager       "/task_manager"
7 minutes ago    Up 7 minutes (Paused)       0.0.0.0:8080->8080/tcp
chapter4-task-manager-1
46ca9a239557    redis                       "docker-entrypoint.s…"
7 minutes ago    Up 7 minutes                0.0.0.0:6379->6379/tcp
chapter4-redis-1
```

unpause

앞에서 task-manager 컨테이너를 일시 중지했으므로, unpause 명령어를 사용하여 일시 중지를 해제하자:

```
$ docker compose unpause task-manager
[+] Running 1/0
⊞ Container chapter4-task-manager-1    Unpaused
0.0s
```

```
$ docker ps
CONTAINER ID    IMAGE                          COMMAND
CREATED          STATUS          PORTS                            NAMES
8e559f9bf6d1    chapter4_task-manager    "/task_manager"
8 minutes ago   Up 8 minutes        0.0.0.0:8080->8080/tcp
chapter4-task-manager-1
46ca9a239557    redis                         "docker-entrypoint.s…"
8 minutes ago    Up 8 minutes       0.0.0.0:6379->6379/tcp
chapter4-redis-1
```

예상대로, 컨테이너의 일시 중지가 해제되었다.

start and stop

이름 그대로 stop 명령어를 사용하면, 실행되고 있는 컨테이너들을 중단시킬 수 있다. 반대로 start 명령어를 사용하면 기존의 컨테이너들을 실행시킬 수 있다. 컨테이너가 중단되어도, 제거되지는 않는다. 셸을 사용하여 컨테이너 안에서 파일을 만들고, 그 후 컨테이너를 중단시켜보자. 이후 실행시키면, 파일이 그대로 있을 것이다:

```
$ docker compose ps
NAME                         COMMAND               SERVICE
STATUS                  PORTS
chapter4-task-manager-1    "/task_manager"     task-manager
running                 0.0.0.0:8080->8080/tcp
$ docker compose exec task-manager sh -c "echo test > text.txt"
$ docker compose stop task-manager
[+] Running 2/0
田 Container chapter4-task-manager-1                    Stopped
0.1s
```

계획대로 컨테이너가 중단되었다. 이제 예상대로라면, 컨테이너를 실행시켰을 때 이전에 만든 파일이 컨테이너 안에 존재할 것이다:

```
$ docker compose start task-manager
[+] Running 1/1
 Container chapter4-task-manager-1   Started
```

```
$ docker compose exec task-manager sh -c "cat text.txt"
test
```

restart

restart 명령어는 Compose 서비스를 재시작한다. 서비스가 중단된 상태여도, 명령어에 따라 서비스가 재시작한다:

```
$ docker compose restart task-manager
[+] Running 1/1
 Container chapter4-task-manager-1 Started
```

이를 확인하기 위해 서비스를 중단시키고, 재시작하는지 살펴보자:

```
$ docker compose stop task-manager
[+] Running 1/0
Container chapter4-task-manager-1    Stopped
$ docker compose restart task-manager
[+] Running 1/1
Container chapter4-task-manager-1    Started
0.2s
```

이전 상태와 관계없이, 응용이 시작되었다.

kill

kill 명령어는 서비스의 컨테이너를 종료하는데 사용할 수 있다:

```
$ docker compose kill task-manager
```

ps

Compose ps는 docker ps와 비슷하다. 가장 주요한 차이점은, Compose 파일에서 지정한 것들을 기반으로 compose ps의 대상이 필터링 된다는 것이다:

```
$ docker compose ps
NAME                          COMMAND                   SERVICE
STATUS                  PORTS
chapter4-task-manager-1      "/task_manager"          task-manager
running                 0.0.0.0:8080->8080/tcp
```

--services 옵션을 통해 실행되고 있는 서비스만 표시할 수 있다:

```
$ docker compose ps --services
task-manager
```

--quiet 옵션을 사용하여 컨테이너 ID만 표시할 수도 있다:

```
$ docker compose ps --quiet
9b612d9ed210ab96d2b340ed8840781c80288097e1af6a96ed208d6b6d1
fb42a
```

심지어 중단된 컨테이너들만 나타낼 수도 있다. 예를 들어 다음과 같이 task-manager 서비스를 수행시키고 exit한 후:

```
$ docker compose run task-manager sh
/app # exit
```

ps -a 명령어를 사용하면, run 명령어에 의해 생성되고 지금은 중지된 컨테이너를 다음과 같이 살펴볼 수 있다:

```
$ docker compose ps -a
NAME                                        COMMAND
SERVICE             STATUS                  PORTS
chapter4-task-manager-1                      "/task_manager"
task-manager        running                 0.0.0.0:8080->8080/tcp
chapter4_task-manager_run_91e7eec48f5d      "sh"
task-manager        exited (0)
```

이 절에서, 우리의 기본 Compose 응용을 만들었다. 그리고, Compose 명령어들을 사용하여, 응용이 필요로 하는 응용 이미지들을 생성할 수 있었다. 또한, 응용을 실행시키는 명령어들을 사용하여, 명령어들이 제공하는 추가적인 옵션들을 살펴보았다. 이후, 응용을 실행하여 만들어진 컨테이너들과 상호작용하는 Compose 명령어들을 이해하였다.

기존에 존재하는 컨테이너에서 명령을 수행하는 것 뿐만 아니라 기존에 존재하는 자원 환경에서 컨테이너를 개시하는 방법도 알아보았다. 다음 절에서는, Compose를 사용하여 프로비전 한 자원들을 정리하는 명령어들을 다룰 것이다.

4.6 정리 명령어

도커를 매일 행해지는 개발에 사용하면 이미지, 컨테이너, 네트워크, 볼륨 등 다양한 자원들이 만들어진다. 이러한 자원들을 제거하는 것은 중복되고 복잡해 질 수 있다. Compose는 이러한 자원들을 더 잘 관리 방식을 제공한다.

down

응용을 다음과 같이 attached mode로 실행시키자:

```
$ docker compose up
[+] Running 2/0
⊞ Container chapter4-task-manager-1 Running                    0.0s
⊞ Container chapter4-redis-1 Running                           0.0s
```

Ctrl + D를 누르면 Compose를 빠져나가게 되며, 로그들이 더 표시되지 않고, 서비스가 중지될 것이다:

```
Gracefully stopping... (press Ctrl+C again to force)
[+] Running 2/2
⊞ Container chapter4-task-manager-1    Stopped
0.1s
⊞ Container chapter4-redis-1           Stopped
0.1s
canceled
```

위의 메시지에서 나타나듯, 응용이 중지되었다. 그럼에도 프로비전 된 자원들은 그대로 있다. 이것은 images 명령어를 사용하거나 ps 명령어를 사용하여 살펴볼 수 있다. images 명령어는 컨테이너 이미지를 확인하기 위하여, 그리고 ps 명령어는 실행되고 있는 컨테이너들을 확인하기 위한 명령어이다:

```
$ docker compose images
Container                    Repository                 Tag
Image Id             Size
chapter4-redis-1             redis                      latest
f16c30136ff3         107MB
chapter4-task-manager-1      chapter4_task-manager      latest
58247e548811         529MB
$ docker compose ps
NAME                         COMMAND                    SERVICE
STATUS               PORTS
chapter4-redis-1             "docker-entrypoint.s…"     redis
exited (0)
chapter4-task-manager-1      "/task_manager"            task-manager
exited (2)
$ docker network ls
NETWORK ID      NAME                                    DRIVER
SCOPE
...
ed28fb3286ab    chapter4_default                        bridge
local
```

이렇게 자원들이 유지되기에 docker compose up을 다시 실행하면, 같은 자원들이 사용될 것이다.

하지만, 이러한 자원들을 시스템에서 제거하여 공간을 확보하거나, 개발하고 있었던 응용이 더는 필요 없을 수도 있다. 이런 경우에 docker compose down을 사용할 수 있다. 이 명령어가 Compose 응용으로 프로비전 된 자원들을 제거해 준다:

```
$ docker compose down
[+] Running 3/2
⊞ Container chapter4-task-manager-1    Removed
0.1s
⊞ Container chapter4-redis-1           Removed
0.1s
⊞ Network chapter4_default             Removed
0.0s
$ docker compose ps
NAME                 COMMAND              SERVICE
STATUS               PORTS
$ docker network ls|grep chapter4
```

위 명령을 수행한 이후, 모든 자원이 제거된 것처럼 보인다. 하지만, 응용이 수행하는 동안 생성된 것들 중에 여전히 남아 있는 것이 있는데, 대표적인 것이 docker compose build 명령어에 의한 만들어진 이미지이다.

down 명령어에는 응용을 실행하는 동안 생성했던 이미지를 제거하는 옵션이 있다:

```
$ docker compose down --rmi local
[+] Running 4/2
⊞ Container chapter4-redis-1           Removed
0.2s
⊞ Container chapter4-task-manager-1    Removed
0.2s
⊞ Image chapter4_task-manager          Removed
0.0s
⊞ Network chapter4_default             Removed
0.0s
```

local 명령어는 compose 파일을 사용하여 만들어진 이미지들에 대해서는 잘 동작한다. 하지만 이 예에서는 이미지 이름은 없다. 이 경우, 우리는 태그를 사용할 수 있다. 태그는 image: chapter4_task-manager:latest이며, 아래처럼 all 매개변수를 사용해야 한다:

```
$ docker compose down --rmi all
[+] Running 5/0
```

```
⊞ Container chapter4-task-manager-1                              Removed
0.0s
⊞ Container chapter4-redis-1                                     Removed
0.0s
⊞ Image redis                                                    Removed
0.0s
⊞ Image docker.io/library/chapter4_task-manager                  Removed
0.0s
⊞ Network chapter4_default                                       Removed
0.0s
```

앞선 코드에서 볼 수 있듯, all 매개변수는 지역적으로 캐시된 이미지들까지 제거함에 주의하자.

rm

이전 단계에서, down 명령어는 모든 컨테이너들을 제거하는 데 사용되었다. 이와 달리 rm 명령어를 사용하면 컨테이너를 개별적으로 제거할 수 있다. 다음과 같이, 제대로 작동하지 않는 컨테이너가 있는 상황을 가정해보자:

```
services:
  failed-manager:
    build:
      context: ../Chapter2/.
    entrypoint: ["/no-such-command"]
  task-manager:
    build:
      context: ../Chapter2/.
    image: chapter4_task-manager:latest
    ports:
      - 8080:8080
    environment:
      - REDIS_HOST=redis:6379
  redis:
    image: redis
    ports:
      - 6379:6379
```

이런 상황에서 failed-manager 서비스는 실패할 것이다:

```
$ docker compose up -d
[+] Running 3/4
⠿ Network chapter4_default                                    Created
0.0s
⠿ Container chapter4-failed-manager-1                         Starting
0.5s
⠿ Container chapter4-redis-1                                  Started
0.4s
⠿ Container chapter4-task-manager-1                           Started
0.4s
Error response from daemon: OCI runtime create failed:
container_linux.go:380: starting container process caused:
exec: "/no-such-command": stat /no-such-command: no such file
or directory: unknown
```

실행 결과 오류를 볼 수 있다. 이때 아래와 같이 ps 명령어를 사용하면, 하나의 컨테이너가 실행되고 있고 또 다른 컨테이너가 방금 만들어졌음을 볼 수 있다:

```
$ docker compose ps
NAME                         COMMAND                       SERVICE
STATUS               PORTS
chapter4-failed-manager-1    "/no-such-command"            failed-
manager     created              8080/tcp
chapter4-redis-1             "docker-entrypoint.s…"        redis
running              0.0.0.0:6379->6379/tcp
chapter4-task-manager-1      "/task_manager"               task-
manager     running                    0.0.0.0:8080->8080/tcp
```

이제 제대로 작동하지 않는 컨테이너를 제거하자:

```
$ docker compose rm failed-manager
? Going to remove chapter4-failed-manager-1 Yes
[+] Running 1/0
⠿ Container chapter4-failed-manager-1       Removed
```

다른 방법으로 -f나 --force 플래그를 사용하여 제거를 강제할 수 있다:

```
$ docker compose rm failed-manager --force
Going to remove chapter4-failed-manager-1
[+] Running 1/0
⊞ Container chapter4-failed-manager-1      Removed
```

force 옵션을 사용하여 명령 프롬프트를 피할 수 있었다.

지금까지, 응용을 실행시키고 생성된 컨테이너와 상호작용하는 것에 성공한 후, 응용을 중지하고 생성된 자원들을 정리하는 명령어들을 알아보았다. 생성 프로세스를 통해 만들어졌던 자원 중 하나는 응용의 이미지였다. 이제, Compose를 사용해서 이미지들을 관리하는 것에 대해 더 깊게 알아볼 것이다.

4.7 이미지 명령어

Compose는 이미지를 사용할 때 우리에게 다양한 옵션들을 제공한다. 이러한 옵션들로 인해 이미지를 개별적으로 생성하고 응용 내부에서 이미지들을 사용할 필요가 없어졌다. 결국 효율적인 이미지 사용이 가능하다. Compose를 통해 이미지의 생성, 태깅, 그리고 리포지터리(repository)에 넣는 것도 가능하다. 이는 개발의 노력이 필요한 곳에 집중될 수 있도록 도와 개발의 효율을 높인다.

이미지 리스트

지금까지 우리 응용은 컨테이너에 기반을 둔 두 개의 서비스로 구성되었다. docker compose images 명령어를 사용하여, 아래와 같이 컨테이너에 의해 사용되는 이미지들을 확인할 수 있다:

```
$ docker compose images
Container                  Repository                 Tag
Image Id            Size
chapter4-redis-1           redis                      6.2.6
23d787aaa419        107MB
chapter4-task-manager-1    chapter4_failed-manager    latest
58247e548811        529MB
```

또한 --quiet 옵션을 사용하여 출력을 덜 상세하게 만들 수 있다:

```
$ docker compose images --quiet
58247e548811b8812d48467436bc07ed40b4a7d4cd8328e57234d465ef189
14a
23d787aaa419ab884dd8682dca3153506f4dd00aba2ca9cd5953e94cae36b
d7d
```

이미지 pulling

images 명령어를 사용하여, Compose 응용에서 사용하는 이미지들을 검색할 수 있다. 여기서 만약 이미지를 바꾸려면 어떻게 해야 할까? 이미지를 수행하기 전에 pull하면 될 것이다. 이를 위해 Compose는 지정된 이미지를 pull 할 수 있는 pull 명령어를 제공한다.

명령어를 사용해보기 위해 다른 redis 이미지를 지정해 보자:

```
services:
   redis:
      image: redis:6.2.6
```

여기서 우리는 디폴트 방법인 up 명령어를 사용하여 이미지를 pull하지 않고, 명시적으로 pull 명령어를 사용할 것이다:

```
$ docker compose pull --ignore-pull-failures --parallel
[+] Running 2/3
⊞ failed-manager Skipped                               0.0s
⊞ redis Pulled                                         1.2s
⊞ task-manager Error                                   1.5s
Pulling task-manager: Error response from daemon: pull access
denied for chapter4_task-manager, repository does not exist or
may require 'docker login': denied: requested access to the
resource is denied
$ echo $?
0
```

위에서 알 수 있듯이, pull 명령어를 실행하여, 지정된 이전의 Redis 이미지들을 pull 할 수 있었다. 또한, 작업 관리자가 레지스트리(registry)에 이미지로 존재하지 않고 지역적으로 존재하기 때문에, pull에 실패하였다. 이 실패는 연산을 블록 시키지는 않으며, 0이라는 리턴 값이 나왔다. 이는 `--ignore-pull-failures` 옵션을 사용하였기 때문이다. 또한, `--parallel` 옵션을 사용함으로써, 이미지들을 병렬적으로 pull할 수 있다.

이미지 pushing

Compose를 사용하면 도커 레지스트리에 이미지를 push 하는 것 또한 가능하다. 이 실습을 위해, 우선 Compose를 사용하여 레지스트리를 설정해보겠다.

Compose의 지역 도커 레지스트리

도커 이미지들을 push 하기 위해서는, 레지스트리가 필요하다. 그렇기에 우리는 Compose를 사용하여 레지스트리를 배포하고, Compose 응용이 이 레지스트리를 사용하도록 구성할 것이다.

Compose 레지스트리 파일은 아래와 같다:

```
services:
  registry:
    image: registry:2
    ports:
      - 5000:5000
```

레지스트리는 포트 5000에서 실행된다. 따라서 우리가 사용하는 시스템에서 이 포트가 사용 가능한지 확인해봐야 한다. 이것은 보안 레지스트리가 아니므로, 명시적으로 보안이 아닌(non-secure) 레지스터리를 지정하기 위해 도커 daemon 구성 파일을 편집해야 한다.

`daemon.json` 구성 파일의 위치는 세 가지 주요 운영 체제에 따라 다르다:

- **Linux**: `/etc/docker/daemon.json`
- **Windows**: `C:\ProgramData\docker\config\daemon.json`
- **macOS**: `~/.docker/daemon.json`

구성 파일을 찾았다면, 아래의 입력을 추가하면 된다:

```
  "insecure-registries" : [
    "host.docker.internal:5000"
   ],
```

편집이 끝나면, 파일은 아래와 같이 보일 것이다:

```
{
...
  "insecure-registries" : [
    "host.docker.internal:5000"
   ],
  "builder" : {
..
  }
}
```

지역 레지스트리에 이미지 push 하기

이제, 지역 레지스트리에 이미지를 push 하는 것이 가능하다 (사실 다른 레지스트리에서도 동작 가능하다). 우리가 사용할 레지스트리는 도커 엔진에 의해 실행되는 지역 레지스트리이기 때문에, `host.docker.internal` DNS를 사용하여 해당 레지스트리를 가리킬 것이다:

```
services:
  task-manager:
    build:
    context: ../Chapter2/.
    image: host.docker.internal:5000/task-manager:0.1
    ports:
      - 8080:8080
    environment:
      - REDIS_HOST=redis:6379
  redis:
    image: redis
    ports:
      - 6379:6379
```

이제 이미지를 생성할 수 있다:

```
$ docker compose build
[+] Building 2.0s (17/17) FINISHED

=> [internal] load build definition from Dockerfile
...
=> => naming to host.docker.internal:5000/task-manager:0.1
...
```

이후, 생성한 이미지를 push 한다:

```
$ docker compose push
[+] Running 1/13
⊞ redis Skipped
0.0s
⊞ Pushing task-manager: 98ca4aa0fc4c Pushed
15.8s
...
⊞ Pushing task-manager: 590efbee44c0 Pushed
15.8s
```

지금까지 우리는 Compose를 사용하여 이미지를 생성하고, 그 이미지를 우리가 만든 레지스트리에 push 하였다. 또한, 사용되는 이미지들을 조사보고, compose 파일에서 지정된 새로운 이미지들을 pull 하였다. 다음 절은 Compose 응용의 모니터링에 주목할 것이다.

4.8 모니터링 명령어

응용을 모니터링하고 제대로 동작하는지 확인하는 작업은 일상적으로 개발에서 빈번하게 발생한다. 응용이 오동작하는 다양한 사례들이 있다. 어떤 응용은 자원을 너무 많이 사용하는 찾기 힘든 버그를 포함할 수도 있다. 이런 때에, 모니터링 명령어들이 중요한 역할을 한다.

Logs

Logs 명령어는 우리 시스템에서 실행 중인 Compose 응용의 로그를 볼 수 있는 기능을 제공한다. 만약 detached mode에서 up 명령어를 실행한다면, 어떠한 로그도 볼 수 없다:

```
$ docker compose up -d
[+] Running 2/2
⠿ Network chapter4_default                Created
0.0s
⠿ Container chapter4-task-manager-1       Started
```

하지만, 응용에서 로그가 생성되긴 한다. 따라서 아래와 같은 방법으로 로그를 검색할 수 있다:

```
$ docker compose logs
chapter4-task-manager-1  | [GIN-debug] [WARNING] Creating an
Engine instance with the Logger and Recovery middleware already
attached.
...
chapter4-task-manager-1  | [GIN-debug] Listening and serving
HTTP on :8080
```

logs 명령어는 응용이 생성한 모든 로그를 터미널에 보이고 종료하는 역할을 한다. 또 --follow 옵션이 있다. 이 옵션을 사용하면, 로그 출력을 따라가면, 결국 모든 새로운 로그를 화면에 출력할 수 있다:

```
$ docker compose logs -f
chapter4-task-manager-1  | [GIN-debug] [WARNING] Creating an
Engine instance with the Logger and Recovery middleware already
attached.
...
chapter4-task-manager-1  | [GIN-debug] Listening and serving
HTTP on :8080
```

이외에도, 터미널에 색이 사용되지 않는 --no-color, 캡처했을 때 로그의 타임스탬프를 표시해주는 --timestamps, 컨테이너마다 표시할 수 있는 로그를 제한하는 --tail 등 다양한 옵션이 있다.

```
$ docker compose logs -f --timestamps --tail="3" --no-color
chapter4-task-manager-1  | 2022-03-26T07:50:13.846624301Z
[GIN-debug] [WARNING] You trusted all proxies, this is NOT
safe. We recommend you to set a value.
chapter4-task-manager-1  | 2022-03-26T07:50:13.846625967Z
Please check https://pkg.go.dev/github.com/gin-gonic/
gin#readme-don-t-trust-all-proxies for details.
chapter4-task-manager-1  | 2022-03-26T07:50:13.846627551Z
[GIN-debug] Listening and serving HTTP on :8080
```

top

logs 명령어는 유용한 명령어지만, 응용이 내보내는 로그 메시지를 보는 것으로 기능이 제한되어 있다. top 명령어를 사용하면, 현재 사용하는 Compose 파일의 프로세스들을 살펴볼 수 있다:

```
$ docker compose top
chapter4-task-manager-1
UID    PID    PPID   C    STIME   TTY   TIME       CMD
root   7913   7887   0    07:50   ?     00:00:00   /task_
manager
```

top 명령어는 지정된 컨테이너에 한해 작동한다. Compose에서 top 명령어를 사용하면, docker-compose.yaml 파일에 나열된 컨테이너들을 모니터할 것이다.

Events

Compose의 events 명령어는 도커에서 제공하는 events 명령어와 비슷한 기능을 한다. events 명령어를 실행시키면, Compose 응용에서 발생한 이벤트들을 수신할 수 있다.

```
$ docker compose events
...
```

컨테이너를 종료해보자:

```
$ docker stop chapter4-task-manager-1
chapter4-task-manager-1
```

그럼, events 창에서, 컨테이너의 삭제를 확인할 수 있다:

```
$ docker compose events
...
2022-03-26 10:05:45.233256 container stop
2cda5390558dc9d6b12bae95d6c65b23a6d95b36a5279677834f81af1d62
69f2 (name=chapter4-task-manager-1, com.packtpub.compose.app
=task-manager, image=host.docker.internal:5000/task-
manager:0.1)
```

도커 events 명령어를 생산하고 응용의 구성요소들에 영향을 주는 모든 연산은 화면에 출력될 것이다.

지금까지 모니터링 명령어에 대해서 알아보았다. 우리는 응용의 이벤트를 추적하거나, 사용되는 자원들을 식별하거나, 또는 로그를 활용하여 응용의 문제를 분석할 수 있다.

4.9 그 외 명령어

유용한 정보를 출력하는데 도움을 주는 명령어들도 있다. 이들 중 자주 사용하는 명령어 4개를 알아보겠다.

help

help는 사용 가능한 명령어들의 사용 방법에 대한 정보를 제공하는 터미널 명령어이다.

version

이전 장들에서 봤듯이, version 명령어는 현재 실행되고 있는 Compose의 버전을 표시한다:

```
$ docker compose version
Docker Compose version v2.2.3
```

port

port 명령어는 바인딩을 위한 포트를 출력한다:

```
$ docker compose port task-manager 8080
0.0.0.0:8080
```

config

config 명령어는 Compose 설정을 검증하고, 출력할 정보를 지시하는 데 사용된다:

```
$ docker-compose config
services:
  redis:
    image: redis
    ports:
    - published: 6379
      target: 6379
  task-manager:
    build:
      context: /path/to/Chapter2
    environment:
      REDIS_HOST: redis:6379
    image: host.docker.internal:5000/task-manager:0.1
    ports:
    - published: 8080
      target: 8080
version: '3.9'
```

이것은 서비스들만을 표시하도록 사용될 수도 있다:

```
$ docker-compose config --services
task-manager
redis
```

또한, 지정된 볼륨들을 표시할 수도 있다:

```
$ docker-compose config --volumes
```

명령어들의 기능과 사용 방법을 알아봄에 따라, 매일같이 행해지는 개발에 유용한 Compose 명령어들의 전반적인 개요를 완벽하게 살펴보았다.

4.10 요약

이 장에서, 우리는 사용 가능한 Compose 명령어들과 그 옵션들을 광범위하게 살펴보았다. 그리고, 멀티-컨테이너 응용의 프로비저닝이나 응용의 컨테이너들과의 상호작용을 도울 수 있는 명령어들을 사용해보았다. Compose가 제공하는 이미지 관련 기능 덕분에 non-Compose 명령어들을 사용하지도 않고 도커 레지스트리에 이미지들을 pull하고 생성하고 배포하기도 하였다. 응용을 실행하고 기존의 명령 옵션들을 활용하여, 로그를 모니터링하거나 이벤트들을 수신하여 응용을 분석할 수 있었다. 또한, `top` 명령어를 사용하여 Compose 프로세서의 활동을 모니터하기도 했다.

다음 장들은 일상적인 개발에 도움이 될 수 있는 Compose의 더 구체적인 개념들에 관한 내용으로 이어질 것이다. 우리는 Compose를 이용한 마이크로 서비스 기반의 응용과 CI/CD를 사용한 모니터링, 모듈화, 빌드 과정을 이해하게 될 것이다.

Part 2

도커 Compose를 사용한 실무 개발

이번 파트에서는 도커 Compose의 고급 개념을 살펴본다. Compose를 사용하여 일상적으로 사용할 데이터베이스를 구성해보도록 한다. 그런 다음, Docker를 사용하여 연계된 마이크로서비스들이 서로 통신하도록 할 것이다. Compose를 통해 전체 스택을 로컬에서 실행하도록 하여 최종 시스템 환경을 시뮬레이션할 것이다. 마지막으로 도커 Compose를 사용하여 CI/CD 작업을 개선할 것이다.

이 파트는 다음 5개의 장으로 구성된다:

- 5장 마이크로서비스 연결
- 6장 프로메테우스로 서비스 모니터링하기
- 7장 Compose 파일 결합하기
- 8장 로컬에서 최종 시스템 시뮬레이션하기
- 9장 고급 CI/CD 태스크 생성하기

CHAPTER 5

마이크로서비스 연결

이전 파트에서는 Docker 기반의 시스템 구동에 중점을 두었다. 개발 시스템에 Docker를 설치한 후 Docker Compose와 일반적인 사용법에 대해 자세히 알아보았다. 또한, Docker Compose를 사용하여 Docker 이미지를 결합하고 멀티 컨테이너 애플리케이션들을 실행하는 방법을 배웠다. 이후에는 Docker 볼륨 및 네트워크와 같은 고급 개념을 다뤘다. 볼륨은 데이터를 저장하고 공유하는 방법을 정의하는 데 쓰였고, 네트워크는 특정 애플리케이션을 격리하여 특정 네트워크를 통해서만 액세스할 수 있게 해주었다. 이와 같은 과정을 거치며 우리는 점차 Docker CLI 명령어 기반의 시스템 구축에서 Docker Compose 기반의 시스템 구축으로 이동할 수 있었다. Compose 명령의 사용을 통해 우리가 프로비저닝한 Compose 애플리케이션 및 리소스에 초점을 맞추며 컨테이너와 관리 명령 및 모니터링을 통해 상호 작용할 수 있게 되었다.

우리는 이미 Compose를 활용하여 멀티 컨테이너 애플리케이션을 생성해 보는 실습을 수행하였으므로, 이제 Compose의 고급 기술을 활용한 시스템 구축 시나리오를 경험해 볼 수 있다. 오늘날의 애플리케이션은 더욱 복잡해졌다. 이로 인해 복잡하고 거대한 단일 애플리케이션을 여러 애플리케이션으로 분할해야 할 필요성이 생겼다. 이와 같은 관점에서 마이크로서비스는 새로운 대안이었다. 복잡하고 거대한 하나의 문제를 간단하고 작은 여러 개의 문제로 분할하면 팀은 전달 속도를 높여 이점을 얻을 수 있기 때문이다. 또한, 마이크로서비스는 애플리케이션의 주요 부분에 대한 성능 조정 및 확장을 통해 시스템의 유연성을 높일 수 있다.

마이크로서비스라는 개념은 Docker가 도입되기 훨씬 전부터 존재했지만, 대규모 시스템 구축에 있어서 마이크로서비스 개념이 결정적인 역할을 하게 된다. 하나의 거대한 서비스를 여러 개의 작은 서비스로 분리하고 각 서비스가 독립적으로 구동이 될 수 있도록 필요한 도구를 패키징하여 어디에나 배포할 수 있도록 한 구동 방식 덕분에, 가상 혹은 물리 머신에 마이크로서비스를 배포하는 데 드는 비용과 노력을 줄일 수 있었다.

마이크로서비스를 사용하면 하나의 애플리케이션이 복수의 작은 마이크로서비스 개체로 분할된다. 그러기에 각 서비스 개체 간의 통신은 원활한 시스템 구동에 있어 매우 중요한 역할을 하게 된다. 또한, 하나의 거대한 서비스가 복수의 마이크로서비스로 분리가 되다 보니, 어떠한 마이크로서비스 개체는 한 애플리케이션의 진입점 역할을 하게 되며, 어떠한 마이크로서비스 개체는 시스템의 내부 개체로서 동작하게 된다.

이번 장에서는 지난 2장, 'Compose를 이용해 첫 응용 실행하기'에서 소개한 작업 관리자 애플리케이션을 마이크로서비스 기반 애플리케이션으로 변환하는 데 주안점을 둘 것이다. 작업 관리자에서 사용할 마이크로서비스인 geolocation 서비스를 소개할 것이다. 이 서비스를 도입하여 작업 관리자 애플리케이션에서만 액세스할 수 있는 네트워크에 해당 서비스를 추가할 것이다. 그 후, Redis로 스트리밍된 데이터를 기반으로 분석 정보를 생성하는 또 다른 기능을 추가해 볼 것이다.

이번 장에서는 다음 주제들을 다룰 예정이다.

- 위치 마이크로서비스 소개
- Compose에 위치 서비스 추가
- 위치 마이크로서비스용 네트워크 추가
- 위치 마이크로서비스에 요청 실행
- 작업 이벤트 스트리밍
- 마이크로서비스를 처리하는 작업 이벤트 추가

5.1 기술적 요구사항

이 책의 코드는 GitHub(`https://github.com/PacktPublishing/A-Developer-Essential-Guide-to-Docker-Compose`)에서 내려받을 수 있다. 코드에 대한 업데이

트가 있으면 GitHub 저장소에도 동시에 업데이트될 것이다.

5.2 위치 마이크로서비스 소개

2장, 'Compose를 이용해 첫 응용 실행하기'에서 소개한 작업 관리자 애플리케이션을 사용하여 작업이 수행되고 있는 위치를 알 수 있도록 하여 기능을 향상시킬 수 있도록 할 것이다. 즉, 각 작업 별 실행되는 위치와 실행 시간을 기록해 놓으면, 작업이 생성될 때마다 이전 동일한 작업이 수행되었던 이력 정보를 기반으로 실행 위치가 추천될 수 있을 것이다.

이와 같은 위치 서비스를 마이크로서비스 형태로 만들 것이다. 이 서비스는 작업 관리자와 아무것도 공유하지 않는다. 이 서비스에는 자체 API가 있다. 간결성을 위해 이전에 사용했던 것과 동일한 프로그래밍 언어인 Golang 및 동일한 데이터베이스인 Redis를 사용할 것이다.

Redis 인스턴스를 이용하여 진행하도록 할 것이다. 우리는 Compose를 사용할 것이므로, 환경설정 정보는 다음과 같다:

```
services:
  redis:
    image: redis
```

detached 모드로 실행하겠다:

```
$ docker compose -f redis.yaml up -d
```

위치 서비스 프로젝트를 생성하고 gin 및 redis-go 종속성을 추가할 것이다.

기술 스택은 동일하므로, 2장, 'Compose를 이용해 첫 응용 실행하기'에서와 동일한 초기화 단계를 실행할 것이다.

다음은 초기화 단계이다:

```
go mod init location_service
go get github.com/gin-gonic/gin
go get github.com/go-redis/redis/v8
```

그런 다음 애플리케이션의 기본이 되는 main.go 파일을 생성할 것이다. 이전과 마찬가지로 gin 프레임워크와 Redis 데이터베이스를 사용해야 하므로 동일한 helper 메소드(https://github.com/PacktPubli shing/A-Developer-s-Essential-Guide-to-Docker-Compose/blob/main/Chapter5/location-service/main.go)를 사용해야 할 것이다.

프로젝트가 설정되었으므로 애플리케이션 로직을 진행할 수 있다. 우리 서비스에서 중요한 부분은 위치 모델이다. 위치 모델에는 해당 위치에 부여되는 고유 ID, 경도와 위도, 해당 위치의 이름, 설명과 같은 정보가 포함된다. REST API를 사용하기 때문에 위치 모델은 JSON으로 마샬링되어 API 호출을 통해 반환된다.

위치 모델 코드는 다음과 같다:

```
type Location struct {
    Id          string  `json:"id"`
    Name        string  `json:"name"`
    Description string  `json:"description"`
    Longitude   float64 `json:"longitude"`
    Latitude    float64 `json:"latitude"`
}
```

이 서비스는 geolocation 개념을 기반으로 하므로 적합한 Redis 데이터 구조를 선택해야 할 것이다. 위치 모델은 hmset으로 표현할 수 있다. hmset을 사용하면 key-value 방식으로 객체를 가져올 수 있다. 프리픽스와 객체의 ID(location:id)를 사용하여 여러 위치 객체를 가질 수 있다. 또한, hmset의 기능 덕분에 객체의 개별 멤버를 가져올 수 있다.

위치의 또 다른 중요한 측면은 거리이다. 우리는 데이터베이스에서 위치를 기반으로 특정 거리까지의 위치를 검색할 수 있기를 원할 것이다. 이를 위해 Redis는 Geohash 기술을 제공한다. GeoAdd를 사용하여 정렬된 집합에 위치를 추가할 것이다. 위도와 경도를 사용하여 해시가 생성되고 정렬된 집합에서 작동할 수 있는 다양한 Geohash 함수에 의해 등

급으로 사용된다. 이를 통해 특정 위치에서 일정 거리 내에 있는 위치를 찾거나 정렬된 집합에 저장된 두 위치 사이의 거리를 계산할 수도 있다. 이러한 세부 정보를 기반으로 위치를 저장하려면, 이것들을 해시로 저장하고 GeoAdd를 사용하여 정렬된 집합에 항목을 추가해야 할 것이다.

위치정보를 관리하기 위한 함수는 다음과 같다:

```
// Chapter5/location-service/main.go:177
func persistLocation(c context.Context, location Location)
error {
    hmset := client.HSet(c,
          fmt.Sprintf(locationIdFormat, location.Id), "Id",
          location.Id, "Name",
          location.Name, "Description",
          location.Description, "Longitude",
          location.Longitude, "Latitude",
          location.Latitude)

    if hmset.Err() != nil {
          return hmset.Err()
    }

    geoLoc := &redis.GeoLocation{Longitude: location.
Longitude, Latitude: location.Latitude, Name: location.Id}

    gadd := client.GeoAdd(c, "locations", geoLoc)

    if gadd.Err() != nil {
          return gadd.Err()
    }

    return nil
}
```

다음은 해시에서 위치를 검색하는 방법이다:

```
// Chapter5/location-service/main.go:153
func fetchLocation(c context.Context, id string) (*Location,
error) {
```

```
    hgetAll := client.HGetAll(c, fmt.Sprintf(locationIdFormat, id))

    if err := hgetAll.Err(); err != nil {
            return nil, err
    }

    ires, err := hgetAll.Result()

    if err != nil {
            return nil, err
    }

    if l := len(ires); l == 0 {
            return nil, nil
    }

    latitude, _ := strconv.ParseFloat(ires["Latitude"], 64)
    longitude, _ := strconv.ParseFloat(ires["Longitude"], 64)

    location := Location{Id: ires["Id"], Name: ires["Name"],
Description: ires["Description"], Longitude: longitude,
Latitude: latitude}
    return &location, nil
}
```

거리와 위치를 기반으로 기존 위치를 검색하기를 원하므로, Redis spatial 함수를 사용해야 할 것이다. 앞서 GEOADD를 통해 원소를 추가한 집합에서 GEORADIUS 메소드를 사용하여 메소드를 실행할 것이다:

```
// Chapter5/location-service/main.go:124
[...]
func nearByLocations(c context.Context, longitude float64,
latitude float64, unit string, distance float64) ([]
LocationNearMe, error) {
    var locationsNearMe []LocationNearMe = make([]
LocationNearMe, 0)
    query := &redis.GeoRadiusQuery{Unit: unit, WithDist: true,
Radius: distance, Sort: "ASC"}
    geoRadius := client.GeoRadius(c, "locations", longitude,
```

```
latitude, query)

    if err := geoRadius.Err(); err != nil {
        return nil, err
    }

    geoLocations, err := geoRadius.Result()

    if err != nil {
        return nil, err
    }

    for _, geoLocation := range geoLocations {
            if location, err := fetchLocation(c, geoLocation.
Name); err != nil {
                    return nil, err
            } else {
                    locationsNearMe = append(locationsNearMe,
LocationNearMe{
                            Location: *location,
                            Distance: geoLocation.Dist,
                    })
            }
    }

    return locationsNearMe, nil
}
[...]
```

좌표로부터의 거리와 제공된 거리 제한에 따라 포인트에 가장 가까운 위치가 오름차순으로 반환된다.

핵심 메소드가 구현되었으므로 gin을 사용하여 REST API를 생성하겠다:

```
// Chapter5/location-service/main.go:49
[...]
r.GET("/location/:id", func(c *gin.Context) {
    id := c.Params.ByName("id")
    if location, err := fetchLocation(c.Request.Context(),
```

```
id); err != nil {
        [...]
    } else if location == nil {
        [...]
    } else {
        [...]
    }

})

r.POST("/location", func(c *gin.Context) {
    var location Location

    [...]
    if err := persistLocation(c, location); err != nil {
        c.JSON(http.StatusInternalServerError,
gin.H{"location": location, "created": false, "message": err.
Error()})
        return
    }

    [...]
})

r.GET("/location/nearby", func(c *gin.Context) {
    [...]

    if locationsNearMe, err := nearByLocations(c, longitude,
latitude, unit, distance); err != nil {
        c.JSON(http.StatusInternalServerError,
gin.H{"message": err.Error()})
        return
    } else {
        c.JSON(http.StatusOK, gin.H{"locations":
locationsNearMe})
    }
})
```

애플리케이션을 실행하고 몇 가지 요청을 실행하겠다:

```
$ go run main.go
```

그리고 curl을 사용하여 위치를 지정한다:

```
$ curl --location --request POST 'localhost:8080/location/' \
--header 'Content-Type: application/json' \
--data-raw '{
        "id":"0c2e2081-075d-443a-ac20-40bf3b320a6f",
        "name": "Liverpoll Street Station",
    "description": "Station for Tube and National Rail",
        "longitude": -0.082966,
    "latitude": 51.517336
}'
{"created":true,"location":{"id":"0c2e2081-075d-
443a-ac20-40bf3b320a6f","name":"Liverpoll Street
Station","description":"Station for Tube and National
Rail","Longitude":-0.082966,"Latitude":51.517336},"message":"Lo
cation Created Successfully"}
```

위치 ID를 사용하여 위치를 찾는다:

```
$ curl --location --request GET 'localhost:8080/
location/0c2e2081-075d-443a-ac20-40bf3b320a6f'
{"location":{"id":"0c2e2081-075d-443a-ac20-
40bf3b320a6f","name":"Liverpoll Street
Station","description":"Station for Tube and National
Rail","Longitude":-0.082966,"Latitude":51.517336}}
```

마지막으로 특정 거리로 제한되어 지정된 지점 근처의 위치를 검색할 것이다. 각 위치까지의 거리를 알고 싶기 때문에 새로운 모델을 필요로할 것이다. 모델에는 계산된 거리뿐만 아니라 위치 자체도 포함된다:

```
type LocationNearMe struct {
    Location Location `json:"location"`
    Distance float64 `json:"distance"`
}
```

curl을 사용하여 특정 지점 근처의 위치를 검색한다:

```
curl --location --request GET 'localhost:8080/location/
nearby?longitude=-0.0197&latitude=51.5055&distance=5&unit=km'
{"locations":[{"location":{"id":"0c2e2081-075d-
443a-ac20-40bf3b320a6f","name":"Liverpoll Street
Station","description":"Station for Tube and National
Rail","Longitude":-0.082966,"Latitude":51.517336},"dista
nce":4.5729}]}
```

앞의 명령을 지원하기 위해 이 책의 저장소(https://github.com/PacktPublishing/A-Developer-s-Essential-Guide-to-Docker-Compose/blob/main/Chapter5/location-service/Location%20Service.postman_collection.json)에서 Postman 컬렉션을 찾을 수 있다.

이 섹션에서 첫 번째 마이크로서비스를 만들었다. 위치를 저장하고 Redis의 공간 기능을 활용하여 기존 위치 검색을 지원하였다. 작업 관리자는 제공된 REST 인터페이스를 사용하여 위치 서비스와 상호 작용해야 할 것이다. 다음 섹션에서는 애플리케이션을 Docker 이미지로 패키징하고 Compose 애플리케이션을 생성할 것이다.

5.3 Compose에 위치 서비스 추가

우리는 서비스를 구현하고 위치를 추가하며 공간 쿼리를 실행할 수 있게 되었다. 다음 단계는 Docker를 사용하여 애플리케이션을 패키징하고 Compose를 통해 실행하는 것이다.

첫 단계는 Dockerfile을 생성하는 것이다. 이전 장에서 수행한 것과 동일한 단계가 여기에도 적용된다:

1. Dockerfile 추가
2. Compose를 사용하여 이미지 생성

위치 서비스를 위한 Dockerfile이다:

```
# syntax=docker/dockerfile:1

FROM golang:1.17-alpine

RUN apk add curl

WORKDIR /app

COPY go.mod ./
COPY go.sum ./

RUN go mod download

COPY *.go ./

RUN go build -o /location_service

EXPOSE 8080

CMD [ "/location_service" ]
```

Dockerfile이 준비되었으므로 이제 Compose를 통해 실행할 수 있다. 이제 애플리케이션을 테스트하려면 Redis와 빌드할 애플리케이션의 이미지가 필요할 것이다.

여기서의 docker-compose.yaml은 다음과 같아야 한다:

```
services:
  location-service:
    build:
      context: ./location-service
    image: location-service:0.1
    environment:
      - REDIS_HOST=redis:6379
    depends_on:
      - redis
    healthcheck:
    test: ["CMD", "curl", "-f", "http://localhost:8080/ping"]
    interval: 10s
    timeout: 5s
```

```
      retries: 5
      start_period: 5s
  redis:
   image: redis
```

여기서 포트 섹션이 기술되어 있는 않은데, 이는 위치 서비스가 비공개 서비스가 될 것이기 때문이다. Compose에서 호스팅되는 다른 컨테이너에서만 액세스할 수 있도록 할 것이다.

애플리케이션을 스핀업 하면 location-service라는 이미지가 빌드된다. Redis 이미지는 그대로 작동해야 할 것이다.

Docker를 사용하여 location-service 마이크로서비스를 패키징하고 Compose를 통해 실행할 수 있었다. 작업 관리자를 도입할 것이므로, Compose 애플리케이션이 프로비저닝할 네트워크를 수정해야 할 것이다.

5.4 위치 마이크로서비스용 네트워크 추가

이제 이전처럼 기본 네트워크를 사용하는 대신 애플리케이션이 실행될 네트워크를 지정할 수 있다. 네트워크의 이름은 geolocation-network이며, Redis용 네트워크도 필요할 것이다. 해당 네트워크를 Compose에 추가한다:

```
services:
  location-service:
[...]
  networks:
     - location-network
     - redis-network
[...]
  redis:
     image: redis
     networks:
        - redis-network
networks:
```

```
  location-network:
  redis-network:
```

Redis는 로컬로 포트를 노출하지 않으며, geoloacation 서비스는 네트워크 섹션에 `redis-network`가 포함되어 있으므로 서비스에 액세스할 수 있다. `redis-network`는 익숙한 이름이다. 3장, '네트워크와 볼륨 핵심'에서 사용한 것과 동일한 네트워크 이름이다. 마이크로서비스가 전용 네트워크에서 실행 중이므로 이제 작업 관리자 애플리케이션과 통합할 수 있다.

5.5 위치 마이크로서비스에 요청 실행

이전에는 Compose를 사용하여 최근에 도입된 위치 마이크로서비스를 성공적으로 실행하였다. 하지만 작업 관리자와 함께 사용하지 않으면 애플리케이션을 사용할 수 없게 된다. 작업 관리자와 위치 서비스를 통합하면 사용자가 작업을 만들 때 위치를 지정할 수 있다. 사용자가 기존 작업 중 하나를 검색하는 경우에도 작업 위치 근처의 위치가 표시되어야 할 것이다.

작업 관리자는 위치 서비스와 통신해야 할 것이다. 따라서 작업 관리자 내부에 위치 마이크로서비스에 요청을 발행하는 서비스를 만들어야 할 것이다. 위치 서비스에서 사용한 것과 동일한 모델을 이 모듈에도 사용할 것이다.

작업 관리자 애플리케이션의 위치 서비스 모듈은 GitHub에서 찾을 수 있다: `https://github.com/PacktPublishing/A-Developer-s-Essential-Guide-to-Docker-Compose/blob/main/Chapter5/task-manager/location/location_service.go`.

이 장에서는 작업 관리자에 다양한 기능이 추가될 것이므로 코드를 리팩터링하는 것이 좋다. 모델은 변경되어야 하며 이전에 정의한 위치 모델을 포함해야 한다:

```
type Task struct {
Id          string                `json:"id"`
Name        string                `json:"name"`
```

```
Description string             `json:"description"`
Timestamp   int64              `json:"timestamp"`
Location    *location.Location `json:"location"`
}
```

또한 persistence 메소드를 controller 메소드에서 분리하여 다른 파일인 task_service.go(https://github.com/PacktPublishing/A-Developer-s-Essential-Guide-to-Docker-Compose/blob/main/Chapter5/task-manager/task/task_service.go)로 옮겨야 할 것이다.

로직을 자세히 살펴보면, 사용자는 위치를 지정하지 않고 작업만 추가할 수 있다. 위치가 지정되어 있고 ID가 이미 존재하는 경우, 위치 서비스에 지속성 없이 전달된다. 위치가 지정되었지만 존재하지 않는 경우, 전체 위치 페이로드를 지정하여 지속시킬 수 있다. 기존 위치 ID만 지정하면 전체 페이로드를 지정할 필요가 없다. 작업 관리자 소스코드를 모듈화했으므로 http 컨트롤러를 조정할 수 있다(https://github.com/PacktPublishing/A-Developer-s-Essential-Guide-to-Docker-Compose/blob/main/Chapter5/task-manager/main.go).

이제 작업 관리자가 조정되었으므로 Compose 애플리케이션을 업데이트하고 location-service와 상호 작용하는 작업 관리자를 추가할 수 있다.

그 전에 몇 가지 요구 사항이 있다:

- 작업 관리자를 사용하려면 Redis 및 location-service가 실행 중이어야 한다.
- 작업 관리자는 이전 서비스의 네트워크에 액세스할 수 있어야 한다.
- 작업 관리자는 진입점이므로 포트를 호스트에 바인딩해야 한다.

Docker 이미지는 2장, 'Compose를 이용해 첫 응용 실행하기'에서와 동일한 방식으로 빌드해야 하지만, 추가적으로 이전에 생성한 소스 코드를 덧붙여야 한다:

```
# syntax=docker/dockerfile:1
FROM golang:1.17-alpine
RUN apk add curl
WORKDIR /app
RUN mkdir location
```

```
RUN mkdir task
RUN mkdir stream
COPY go.mod ./
COPY go.sum ./
RUN go mod download
COPY *.go ./
COPY location/*.go ./location
COPY task/*.go ./task
COPY stream/*.go ./stream
RUN go build -o /task_manager
EXPOSE 8080
CMD [ "/task_manager" ]
```

이제 작업 관리자 및 위치 서비스를 포함한 Compose 파일을 볼 수 있다:

```
// Chapter5/task-manager/docker-compose.yaml:19
[...]
  task-manager:
    build:
      context: ./task-manager/
    image: task-manager:0.1
    ports:
      - 8080:8080
    environment:
      - REDIS_HOST=redis:6379
      - LOCATION_HOST=http://location-service:8080
    depends_on:
      - redis
      - location-service
    networks:
      - location-network
      - redis-network
    healthcheck:
      test: ["CMD", "curl", "-f", "http://localhost:8080/ping"]
      interval: 10s
      timeout: 5s
      retries: 5
      start_period: 5s
[...]
```

작업 관리자가 생성되어 위치 서비스와 통합되었다. 위치 서비스는 노출될 필요 없이 내부 마이크로서비스로 남아있었다. 작업 관리자는 REST 엔드포인트를 통해 통신을 설정하였다. 다음 섹션에서는 메시지 기반 통신 형식을 사용하여 애플리케이션에 액세스하도록 할 것이다.

5.6 작업 이벤트 스트리밍

이전에 Compose를 사용하여 새 마이크로서비스를 성공적으로 실행한 적이 있다. 하지만 시간이 지남에 따라 특정 위치를 몇 번 방문했는지 또는 얼마나 많은 작업이 생성되었는지 알고 싶을 것이다.

이것은 데이터 기반 작업이다. 우리는 애플리케이션에 대한 정보를 캡처하고 스트리밍하려고 할 것이다. Redis는 '스트림' 기능을 제공할 것이다. 애플리케이션은 이와 같은 스트림 기능을 사용하여 나중에 다른 애플리케이션에서 처리할 수 있는 데이터를 스트리밍하고 원하는 분석들을 생성할 수 있다.

이를 위해서 코드를 간단히 수정하기만 하면 된다. 작업이 추가되면 메시지가 Redis 스트림에 게시된다. 우리는 작업 관리자에 이벤트를 스트리밍할 수 있는 서비스를 추가할 예정이다. 지금은 작업을 추가할 때만 메시지가 전송된다.

다음 코드는 작업 생성 시 메시지 전송을 담당하는 TaskStream 서비스의 구현이다:

```
// Chapter5/task-manager/task/task-service.go:14
[...]
type TaskMessage struct {
    taskId      string
    location_id string
    timestamp   int64
}

func CreateTaskMessage(taskId string, location *location.
Location, timestamp int64) TaskMessage {
    taskMessage := TaskMessage{
        taskId:    taskId,
        timestamp: timestamp,
```

```
    }

    if location != nil {
        taskMessage.location_id = location.Id
    }

    return taskMessage
}

func (ts *TaskMessage) toXValues() map[string]interface{} {
    return map[string]interface{}{"task_id": ts.taskId,
"timestamp": ts.timestamp, "location_id": ts.location_id}
}

func (ts *TaskStream) Publish(c context.Context, message
TaskMessage) error {

    cmd := ts.Client.XAdd(c, &redis.XAddArgs{
        Stream: "task-stream",
        ID: "*",
        Values: message.toXValues(),
    })

    if _, err := cmd.Result(); err != nil {
        return err
    }

    return nil
}
```

메시지 전송 기능이 구현되었으므로, 작업이 생성되면 업데이트를 전송하도록 PersistTask 메소드를 변경한다:

```
// Chapter5/task-manager/task/task-service.go:28
[...]
func (ts *TaskService) PersistTask(c context.Context, task
Task) error {

    values := []interface{}{"Id", task.Id, "Name", task.Name,
```

```
"Description", task.Description, "Timestamp", task.Timestamp}

    if task.Location != nil {
            if err := ts.LocationService.AddLocation(task.
Location); err != nil {
                    return err
    }
    values = append(values, "location", task.Location.Id)
}

    hmset := ts.Client.HSet(c, fmt.Sprintf("task:%s", task. Id),
values)

    if hmset.Err() != nil {
        return hmset.Err()
    }

    z := redis.Z{Score: float64(task.Timestamp), Member: task. Id}
    zadd := ts.Client.ZAdd(c, "tasks", &z)
    if zadd.Err() != nil {
            return hmset.Err()
    }

    mes := stream.CreateTaskMessage(task.Id, task.Location,
task.Timestamp)

    return ts.TaskStream.Publish(c, mes)
}
[...]
```

지금까지 작업 삽입 시 이벤트를 전송하도록 애플리케이션을 보완하였다. 다음 섹션에서는 이러한 메시지를 사용하는 과정을 살펴보도록 한다.

5.7 마이크로서비스를 처리하는 작업 이벤트 추가

이전 섹션에서는 작업 관리자 애플리케이션과 관련된 이벤트를 생성하였다. 우리는 이를 통해 메시지 기반 애플리케이션을 추가할 수 있다. 일단은 이벤트 서비스가 Redis 스트림에서 데이터를 사용하고 콘솔에 데이터를 출력할 것이다.

소스코드는 간결하며 Redis 클라이언트만을 필요로 할 것이다.

이벤트를 사용할 코드를 추가해 보겠다:

```
[...]
client. XGroupCreateMkStream (ctx, stream, consumerGroup, "0").
Result()

for {
    entries, err := client.XReadGroup(ctx,
        &redis.XReadGroupArgs{
            Group:    consumerGroup,
            Consumer: consumer,
            Streams:  []string{stream, ">"},
            Count:    1,
            Block:    0,
            NoAck:    false,
        },
    ).Result()

    for i := 0; i < len(entries[0].Messages); i++ {
        messageID := entries[0].Messages[i].ID
        values := entries[0].Messages[i].Values

        taskId := values["task_id"]
        timestamp := values["timestamp"]
        locationId := values["location_id"]

        log.Printf("Received %v %v %v", taskId, timestamp,
locationId)

        client.XAck(ctx, stream, consumerGroup, messageID)
    }
}
[...]
```

이를 위한 Dockerfile을 생성해 보겠다:

```
# syntax=docker/dockerfile:1

FROM golang:1.17-alpine

RUN apk add curl

WORKDIR /app

COPY go.mod ./
COPY go.sum ./

RUN go mod download

COPY *.go ./

RUN go build -o /events_service

CMD [ "/events_service" ]
```

그런 다음 Compose에 작업 서비스를 추가해야 한다:

```
services:
  location-service:
    [...]
  task-manager:
    [...]
  event-service:
    build:
      context: ./events-service/
    image: event-service:0.1
    environment:
      - REDIS_HOST=redis:6379
    depends_on:
      - redis
    networks:
      - redis-network
networks:
  location-network:
  redis-network:
```

새롭게 추가한 서비스에는 Compose에 REST 기반 서비스만큼의 많은 설정이 필요하지는 않는다. 스트림 기반이기 때문에 Redis 스트림에 대한 연결만 설정되면 된다.

모든 서비스 설정이 완료되었으므로, 애플리케이션을 실행하고 작업 이벤트가 이벤트 마이크로서비스로 스트리밍되는 것을 다음과 같이 확인할 수 있다:

```
$ docker compose up
...
chapter5-event-service-1   | 2022/05/08 09:03:38 Received
8b171ce0-6f7b-4c22-aa6f-8b110c19f83a 1645275972000 0c2e2081-
075d-443a-ac20-40bf3b320a6f
...
```

우리는 작업이 생성될 때 이벤트를 수신하는 데 성공했고, 해당 코드를 기존 Compose 애플리케이션 통합을 완료하였다.

5.8 요약

이번 장에서는 작업 관리자와 통합할 두 개의 마이크로서비스를 만들었다. 한 마이크로서비스는 REST 기반 통신을 사용하였고, 다른 마이크로서비스는 메시지 기반 통신을 사용하였다. 이러한 차이점에도 불구하고, Compose를 사용하면 이러한 마이크로서비스를 오케스트레이션하며 격리할 수 있었다. 예상할 수 있었듯이, 모니터링은 우리가 만든 서비스에서 중요한 역할을 할 것이다. 적절한 모니터링을 통해 최종 사용자의 가용성과 원활한 사용을 보장할 수 있기 때문이다.

다음 장에서는 모니터링과 프로메테우스를 통한 모니터링 방법에 대해 집중적으로 다룰 예정이다.

CHAPTER 6

프로메테우스로 서비스 모니터링하기

이전 장에서는 작업 관리자 애플리케이션을 위한 여러 서비스를 생성하고 Compose를 사용하여 이를 오케스트레이션을 해보았다. 작업 관리자 애플리케이션을 마이크로서비스 기반 애플리케이션으로 변환하여 코드를 수정하고 여러 마이크로서비스 간의 통신을 용이하게 한 것이다. 통신은 REST 혹은 메시지 기반이었다. 마이크로서비스 간의 통신을 설정함으로써 Compose의 네트워크 기능을 강조하고 비공개로 운영되는 서비스와 공개적으로 액세스할 수 있는 서비스를 구분할 수 있었다.

이번 장에서는 Compose를 통한 서비스 모니터링에 중점을 두겠다. 마이크로서비스의 경우 서비스를 모니터링하고 발생할 수 있는 문제를 효과적으로 해결해야 할 것이다. 4장, 'Docker Compose 명령어 실행하기'에서 Compose를 통한 몇 가지 모니터링 명령어를 살펴보았지만, 이번 장에서는 모니터링을 위한 고급 기능을 통해, 더 많은 인사이트를 얻고자 할 것이다. 우리의 목표는 애플리케이션에 대한 메트릭 및 모니터링을 갖는 것이다. 이러한 메트릭은 데이터베이스에 저장되어야 하며 쿼리를 사용하여 검색할 수 있어야 할 것이다. 이러한 이유로 이 장에서는 프로메테우스를 이용하여 서비스를 모니터링 해보도록 할 것이다.

이번 장에서는 다음 주제를 다룬다:

- 프로메테우스란 무엇인가?
- 프로메테우스용 엔드포인트 추가

- 메트릭 파싱을 위한 프로메테우스 구성
- Compose 네트워크에 프로메테우스 추가
- 첫 번째 메트릭 쿼리 만들기

6.1 프로메테우스란 무엇인가?

프로메테우스는 이벤트 모니터링 및 알림을 포함한 다양한 기능을 갖춘 인기 있는 오픈소스 모니터링 솔루션이다. 프로메테우스는 HTTP `pull` 모델을 따른다. 애플리케이션은 HTTP 엔드포인트를 통해 메트릭을 노출할 것이다. 프로메테우스는 노출된 메트릭을 파싱할 수 있는 기능을 갖고 있다. 특정 애플리케이션을 프로메테우스가 모니터링 할 수 있도록 구성하면, 프로메테우스는 노출된 메트릭을 파싱할 것이다. 만약, HTTP 엔드포인트를 노출할 수 없는 서비스의 경우, 다른 서비스가 데이터를 푸시할 수 있는 중개 서비스인 Pushgateway를 제공할 것이다.

검색된 데이터는 프로메테우스의 일부인 실시간 데이터베이스에 기록된다. 따라서 유연한 쿼리와 실시간 알림이 가능할 것이다.

다음은 프로메테우스가 제공하는 몇 가지 기능이다:

- 시계열 메트릭을 위한 데이터 모델
- 검색된 시계열 데이터에 대한 쿼리를 실행하기 위한 쿼리 언어
- 중앙 서버에 메트릭 저장
- 데이터 수집을 위한 HTTP pull 모델
- non-HTTP 애플리케이션을 위해 중개 게이트웨이를 통한 메트릭 푸시
- 노출된 메트릭에 대한 검색 혹은 구성
- 대시보드 기능

이번 장에서는 애플리케이션을 조정하여 데이터를 프로메테우스로 내보내기 위한 실습을 수행할 것이다. 또한, 프로메테우스가 제공하는 기능을 광범위하게 살펴보고 애플리케이션용 대시보드를 만들어 보도록 한다.

6.2 프로메테우스용 엔드포인트 추가

기존 Compose 엔드포인트에 엔드포인트를 추가하는 방법을 살펴보도록 한다. 이 장에서 사용할 소스코드는 '5장, 마이크로서비스 연결하기'에서 생성한 코드이다. 코드를 업데이트하고 프로메테우스가 애플리케이션에서 메트릭을 스크랩할 수 있도록 엔드포인트를 추가해야 할 것이다.

작업 관리자에 메트릭 엔드포인트 추가하기

HTTP 기반 Go 애플리케이션에 프로메테우스를 추가하는 방법은 간단할 것이다. 온라인(https://pro metheus.io/docs/guides/go-application)을 통해 다음과 같이 Go 애플리케이션에 필요한 라이브러리를 다운로드할 수 있는 go get 명령을 찾을 수 있다:

```
$ go get github.com/prometheus/client_golang/prometheus
$ go get github.com/prometheus/client_golang/prometheus/
promauto
$ go get github.com/prometheus/client_golang/prometheus/
promhttp
```

프로메테우스 엔드포인트를 추가하는 기본 방법은 Go http 서버를 사용하는 것이다:

```
func main() {
        http.Handle("/metrics", promhttp.Handler())
        http.ListenAndServe(":2112", nil)
}
```

작업 관리자는 go 프레임워크와 gin 프레임워크를 기반으로 할 것이다. gin은 http 핸들러를 위한 wrapper를 제공하므로 다음과 같은 설정이 필요하다:

```
import (
...
"github.com/prometheus/client_golang/prometheus/promhttp"
...
```

```
)
...
// Metrics Endpoint
r.GET("/metrics", gin.WrapH(promhttp.Handler()))
...
```

이제 애플리케이션을 실행하면 메트릭에 액세스할 수 있어야 한다:

```
$ curl localhost:8080/metrics
# HELP go_gc_cycles_automatic_gc_cycles_total Count of
completed GC cycles generated by the Go runtime.
# TYPE go_gc_cycles_automatic_gc_cycles_total counter
go_gc_cycles_automatic_gc_cycles_total 0
# HELP go_gc_cycles_forced_gc_cycles_total Count of completed
GC cycles forced by the application.
# TYPE go_gc_cycles_forced_gc_cycles_total counter
go_gc_cycles_forced_gc_cycles_total 0
# HELP go_gc_cycles_total_gc_cycles_total Count of all
completed GC cycles.
# TYPE go_gc_cycles_total_gc_cycles_total counter
go_gc_cycles_total_gc_cycles_total 0
...
```

방금 애플리케이션에 대한 메트릭, 즉 애플리케이션 시작 이후 수집된 메트릭을 검색하였다. 메모리, 가비지 콜렉션 등과 같은 다양한 메트릭을 관찰할 수 있다.

위치 서비스에 메트릭 엔드포인트 추가하기

작업 관리자와 마찬가지로, 위치 서비스도 go gin을 기반으로 하므로 동일한 과정을 따라야 할 것이다. 결과는 동일해야 하며, GitHub(https://github.com/PacktPublishing/A-Developer-s-Essential-Guide-to-Docker-Compose/tree/main/Chapter6/location-service)에서 확인할 수 있다.

이벤트 서비스에서 메트릭 내보내기

이벤트 서비스는 마이크로서비스이지만 이벤트 중심이다. 이벤트는 Redis 스트림을 통해 수신되므로 HTTP 엔드포인트를 설정할 필요가 없다. 프로메테우스를 사용하여 모니터링을 활성화하려면, 이를 위해 애플리케이션에 HTTP 서버를 추가하거나 앞서 언급한 Pushgateway 서비스를 사용하도록 설정할 수 있다.

수신된 메시지가 얼마나 빨리 처리되는지 추적하고자 할 것이다. 따라서 새 메시지가 수신되고 처리될 때마다 푸시게이트웨이 서비스를 사용하여 해당 포인트를 프로메테우스에 제출해야 할 것이다.

이 경우에는 게이지(gauge)를 사용할 것이다. 프로메테우스에서 제공하는 공식 문서에 따르면 게이지란 임의로 위아래로 움직일 수 있는 단일 숫자 값을 나타내는 메트릭으로 정의하고 있다(https://prometheus.io/docs/concepts/metric_types/# gauge).

지금은 Pushgateway 서비스가 이미 존재한다고 가정하고 제시된 메트릭을 수락할 것이다.

다음 메소드는 푸시할 메트릭이 된다:

```
...
processingTime = prometheus.NewGauge(prometheus.GaugeOpts{
    Name: "task_event_process_duration",
    Help: "Time it took to complete a task",
})

processedCounter = prometheus.NewCounterVec(
    prometheus.CounterOpts{
        Name: "task_event_processing_total",
        Help: "How many tasks have been processed",
    },
    []string{"task"},
).WithLabelValues("task")
...
```

주요 처리 메소드에서는 메시지가 처리된 후 메소드를 호출한다:

```
...
start := time.Now()
log.Printf("Received %v %v %v", taskId, timestamp, locationId)

client.XAck(ctx, stream, consumerGroup, messageID)
elapsed := time.Since(start)

processedCounter.Add(1)
```

```
millis := float64(elapsed.Milliseconds())
processingTime.Set(millis)

pushProcessingDurationToPrometheus(processingTime)
pushProcessingCount(processedCounter)
...
```

마지막으로 데이터를 게이트웨이로 푸시하는 메소드를 추가할 것이다:

```
...
func pushProcessingDurationToPrometheus(processingTime
prometheus.Gauge) {
	if err := push.New(getStrEnv("PUSH_GATEWAY", "http://
localhost:9091"), "task_event_process_duration").
		Collector(processingTime).
		Grouping("db", "event-service").
		Push(); err != nil {
		fmt.Println("Could not push completion time to
Pushgateway:", err)
	}
}

func pushProcessingCount(processedCounter prometheus.Counter) {
	if err := push.New(getStrEnv("PUSH_GATEWAY", "http://
localhost:9091"), "task_event_processing_total").
		Collector(processedCounter).
		Grouping("db", "event-service").
		Push(); err != nil {
		fmt.Println("Could not push tasks processed to
Pushgateway:", err)
	}
}
...
```

이제 코드에 변경 사항을 적용하여 애플리케이션이 메트릭을 노출할 수 있게 되었다. 다음 단계는 노출된 데이터를 파싱하기 위해 프로메테우스 인스턴스를 설정하는 것이다. 지금부터 프로메테우스 인스턴스가 우리 서비스 중 하나와 어떻게 상호 작용하는지 살펴보도록 한다.

6.3 메트릭 파싱을 위한 프로메테우스 구성

앞서 언급했듯이 프로메테우스는 pull 기반 모델을 사용하여 작동할 것이다. 즉, 데이터는 HTTP 엔드포인트를 통해 노출되고 프로메테우스는 액세스하기 적합하게 구성된 경우 데이터를 파싱해야 할 것이다.

프로메테우스가 엔드포인트에서 파싱하려면 작업 설정이 적용되어야 할 것이다. 프로메테우스의 작업 설정은 YAML 형식으로 되어 있다. 우리의 시나리오에서는 작업 관리자에서 1분 간격으로 메트릭을 파싱할 것이다.

설정은 다음과 같아야 한다:

```
scrape_configs:
  - job_name: 'task-manager'
    scrape_interval: 1m
    metrics_path: '/metrics'
    static_configs:
      - targets: ['host.docker.internal:8080']
```

작업 관리자 애플리케이션이 실행 중이고 YAML 파일이 준비되었다면, 이제 Compose YAML 파일을 만들 수 있다:

```
services:
  prometheus:
    image: prom/prometheus
    ports:
      - 9090:9090
    volumes:
      - ./prometheus.yaml:/etc/prometheus/prometheus.yml
```

다음 코드를 실행하면 프로메테우스가 지정된 구성을 선택한다:

```
$ docker compose -f ./prometheusold.yaml up
```

몇 분 정도 기다린 후, 프로메테우스 URL로 이동할 수 있다. 화면에 스크래핑 결과가 표시된다:

그림 6.1 – 프로메테우스 대시보드에 표시된 메트릭

또한, 설정 탭에서 우리가 적용한 설정을 확인할 수 있다:

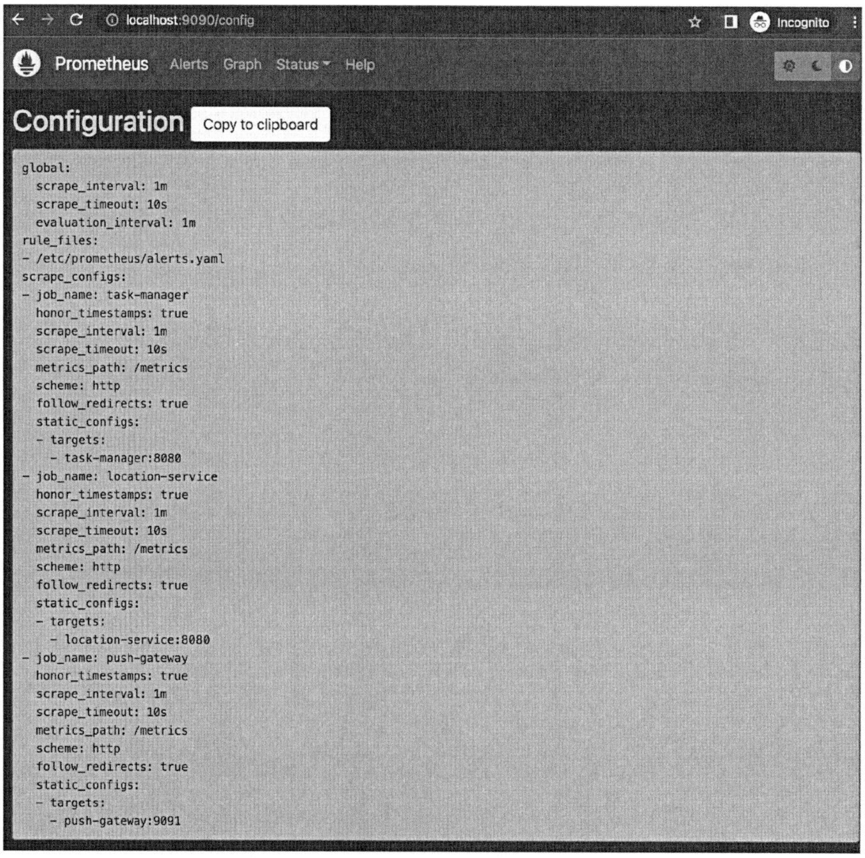

그림 6.2 – 프로메테우스에서 검색된 설정

프로메테우스가 일부 메트릭을 스크래핑할 수 있도록 하여 프로메테우스를 통해 작업 관리자를 모니터링할 수 있었다. 다음 섹션에서는 모든 서비스에 프로메테우스를 적용할 예정이다.

6.4 Compose 네트워크에 프로메테우스 추가

지금까지 프로메테우스가 성공적으로 실행되도록 설정하고 작업 관리자 애플리케이션까지 모니터링할 수 있도록 관리하였다. 모든 애플리케이션에 프로메테우스를 추가했으니 이제는 Compose 파일에 프로메테우스를 추가하고 서비스를 파싱해야 할 것이다.

프로메테우스는 기존 서비스와 상호 작용하기 때문에 외부 네트워크에서 배치될 수 있는 작업이 아니다. 프로메테우스가 작동할 수 있는 네트워크를 추가해야 할 것이다. monitoring-network라는 이름을 붙이겠다:

```
networks:
  location-network:
  redis-network:
  monitoring-network:
```

그런 다음 프로메테우스 구성 파일을 생성해야 할 것이다. 지금까지 세 가지 서비스를 소개하였다:

- task-manager
- location-service
- event-service

여기서 task-manager 및 location-service는 포트 8080에 있다. 설정은 다음과 같아야 한다:

```
scrape_configs:
  - job_name: 'task-manager'
    scrape_interval: 1m
    metrics_path: '/metrics'
```

```
    static_configs:
  - targets: ['task-manager:8080']
  - job_name: 'location-service'
    scrape_interval: 1m
    metrics_path: '/metrics'
    static_configs:
      - targets: ['location-service:8080']
```

보다시피, Compose의 내부 DNS를 활용하고 있다. 프로메테우스 설정을 적용하고 다른 서비스를 동일한 네트워크에 추가해 보겠다:

```
  prometheus:
    image: prom/prometheus
    ports:
      - 9090:9090
    volumes:
      - ./prometheus.yaml:/etc/prometheus/prometheus.yml
    networks:
      - monitoring-network
```

각 서비스를 Docker 네트워크에 연결해야 할 것이다.

`task-manager`와 `location-service` 모두 네트워크가 변경된다는 점에 유의해야 한다:

```
...
    networks:
      - location-network
      - redis-network
      - monitoring-network
...
```

Compose 애플리케이션을 실행하면 프로메테우스가 메트릭을 작동하고 파싱할 수 있다.

`localhost:9090`에서 실행 중인 프로메테우스 인스턴스에 액세스하면 결과를 확인할 수 있다.

메트릭을 프로메테우스로 푸시하기

Compose 애플리케이션을 실행하면 프로메테우스가 메트릭을 작동하고 파싱할 수 있다. 그러나 메트릭을 노출하는 대신 푸시할 필요가 있다. 분석 서비스는 이러한 목적을 통해 이점을 얻을 수 있다. 그러기 위해서는 프로메테우스 게이트웨이를 활성화해야 할 것이다.

게이트웨이 Compose 구성을 추가해 보겠다:

```
// Chapter6/docker-compose.yaml:68
  push-gateway:
    image: prom/pushgateway
    networks:
      - monitoring-network
```

Pushgateway 서비스를 사용할 수 있게 되면, 이벤트 서비스는 메트릭을 프로메테우스로 푸시할 수 있다. 메트릭을 Pushgateway로 푸시하면 게이트웨이가 엔드포인트를 통해 메트릭을 노출할 것이다. 그런 다음 게이트웨이에서 메시지를 가져오도록 프로메테우스를 구성해야 한다:

```
// Chapter6/prometheus.yaml
  - job_name: 'push-gateway'
  scrape_interval: 1m
  metrics_path: '/metrics'
  static_configs:
    - targets: ['push-gateway:9091']
```

앞에서의 단계들을 기반으로 이벤트 서비스 애플리케이션에서 변경한 코드를 사용할 수 있다. 이제 모든 서비스가 모니터링되고 데이터를 쿠버네테스로 푸시할 것이다. 예상대로, compose up을 사용하여 전체 애플리케이션을 실행할 수 있다:

```
$ docker compose build
$ docker compose up -d
```

이제 다음 섹션으로 넘어가서 구축한 내용을 활용할 수 있다.

6.5 첫 번째 메트릭 쿼리 만들기

메트릭을 프로메테우스에 제출했으므로 이제 메트릭에 대한 쿼리를 실행할 수 있다. 메트릭 데이터를 확보함으로써 이제 프로메테우스에서 대시보드를 만들 수 있다.

시간이 지남에 따라 많은 작업들이 생성되고 우리는 이들을 모니터링한다고 가정해 보도록 한다. 작업 생성을 시뮬레이션하기 위해 다음 스크립트를 사용하겠다:

```
while true; do
curl --location --request POST 'localhost:8080/task/' \
--header 'Content-Type: application/json' \
--data-raw '{
    "id": "'$(date +%s%N)'",
    "name": "A task",
    "description": "A task that need to be executed at the
timestamp specified",
    "timestamp": 1645275972000,
    "location": {
        "id": "1c2e2081-075d-443a-ac20-40bf3b320a6f",
        "name": "Liverpoll Street Station",
        "description": "Station for Tube and National Rail",
        "longitude": -0.081966,
        "latitude": 51.517336
    }
}'
sleep 1
done
```

앞의 스크립트는 매초 실행되며 bash의 date 명령으로 생성된 이름의 다른 작업을 생성할 것이다.

앞으로는 시간 경과에 따라 생성된 작업의 비율을 확인하기 위해 PromQL 쿼리를 만들어 보도록 한다. PromQL의 쿼리는 다음과 같아야 한다:

```
rate(task_event_processing_total[5m])
```

대시보드에 다음과 같은 결과가 표시된다:

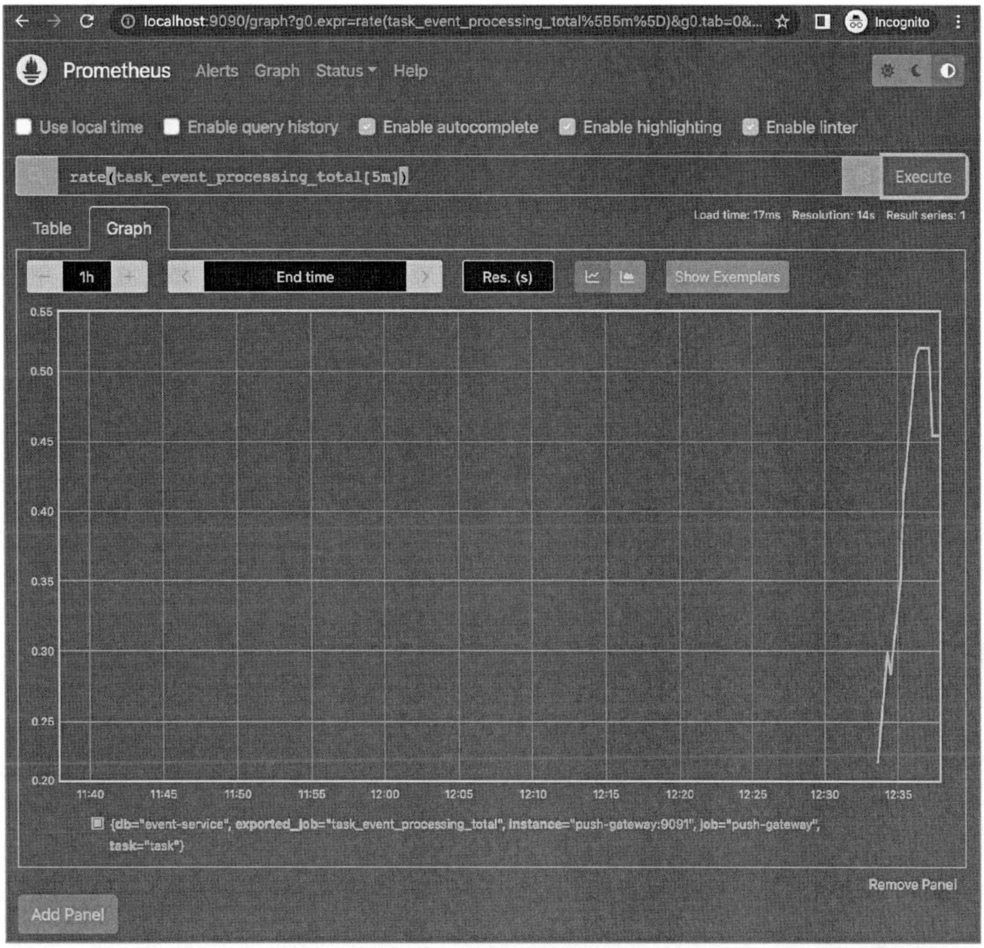

그림 6.3 – 프로메테우스에 표현된 메트릭 쿼리

이제 이전에 실행한 스크립트를 Ctrl+C를 사용하여 종료할 수도 있다.

메트릭을 제출하면 쿼리를 구상하고 사건들을 추적할 수 있다. 이는 애플리케이션을 모니터링하는 데 도움이 될 수 있다. 하지만 지속적인 주의가 필요할 것이다. 특정 이벤트가 발생하면 이를 알려주는 메커니즘을 마련해야 할 것이다. 따라서 프로메테우스의 알림 기능을 활용해야 할 것이다.

알림 추가하기

프로메테우스가 제공하는 또 다른 기능은 알림 기능이다. 이 케이스에서는 5분 이상의 작업 비율이 1분 동안 0.2보다 크면 알림을 발생시켜야 한다.

```
// Chapter6/alerts.yaml
groups:
- name: task-manager
  rules:
  - alert: too-many-tasks
    expr: rate(task_event_processing_total[5m]) > 0.2
    for: 1m
    annotations:
      summary: Too many tasks
```

이 파일을 프로메테우스에 마운트해야 하므로 prometheus.yaml 파일의 구성에 추가한다:

```
// Chapter6/prometheus.yaml:17
...
rule_files:
  - '/etc/prometheus/alerts.yaml'
```

일부 작업들이 지속적으로 생성되면 기대하는 결과를 얻을 수 있다.

처음에는 알림이 발생하지 않음(inactive)으로 확인되었다:

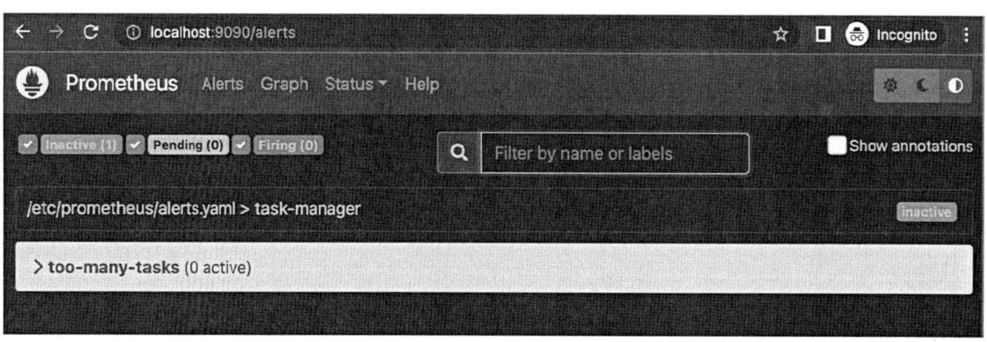

그림 6.4 – 프로메테우스 알림 화면

계속 진행하면서 더 많은 알림이 추가되면 보류 중(pending) 상태가 된다:

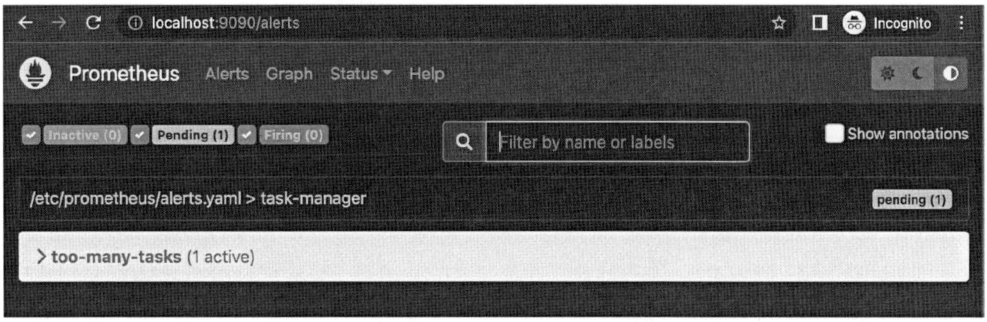

그림 6.5 – 보류 중인 상태의 프로메테우스 알림

결국에는 알림이 발생한다:

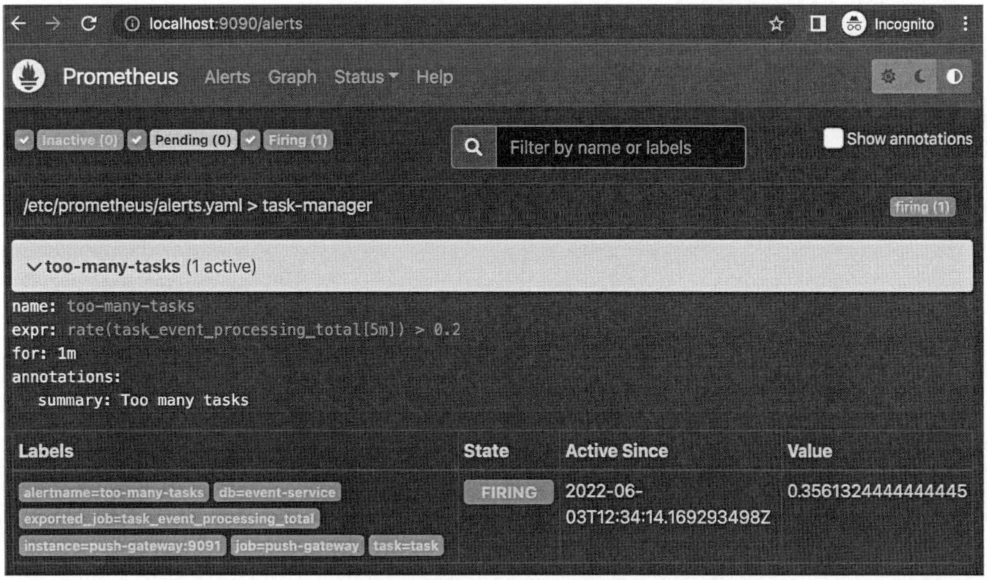

그림 6.6 – 프로메테우스 알림이 유발됨

앞서 구상한 쿼리를 기반으로 알림을 만들 수 있었다. 이러한 쿼리를 추출하여 구성 파일에 추가하고 Compose 구성을 통해 프로메테우스 컨테이너에 마운트하였다.

6.6 요약

이 장에서는 Compose에서 프로메테우스를 설정하고 메트릭을 수집 및 수신하며 알림을 발생시킬 수 있도록 하였다. 이렇게 함으로써 Compose를 사용하여 생성한 멀티 컨테이너 애플리케이션이 메트릭을 제출할 수 있게 되었다. 이를 통해 애플리케이션을 모니터링하고 문제가 발생하면 알림을 받을 수 있었다. 이 모든 것은 Compose 설치를 변경하고 Compose에서 볼륨을 사용하여 몇 가지 구성 파일을 추가하는 것만으로 가능하였다. 앞선 접근 방식의 한 가지 문제점은 유연성이 부족하다는 것이다. 개별 구성 요소만을 실행하려는 때도 하나의 파일에 있는 모든 서비스를 실행해야만 할 것이다.

다음 장에서는 Compose 애플리케이션을 모듈화하고 여러 파일들에서 실행하는 방법을 평가해 보도록 한다.

CHAPTER 7

Compose 파일 결합하기

지금까지의 실습에서는 모놀리식 방식으로 멀티 컨테이너 애플리케이션을 실행해 왔다. 예를들어, 애플리케이션 컨테이너, Redis와 같은 데이터베이스용 컨테이너, 프로메테우스와 같은 모니터링 목적의 애플리케이션처럼 Compose 파일을 지정하여 애플리케이션을 실행하였다. 이와 같은 방법은 초기 구축단계에서는 유용할 수 있지만, 항상 모든 종속된 구성 요소가 사용 가능한 상태로 애플리케이션이 실행되지 않으면 문제가 발생할 수 있다. 모든 애플리케이션을 실행하면 많은 리소스가 소모되고 문제 해결이 더 어려워질 수 있으며, 주의가 필요한 특정 컴포넌트에 집중하지 못할 수 있다. 하나의 컴포넌트만을 사용하고 다른 컴포넌트와의 상호 작용 혹은 시작을 피하고 싶을 수가 있다. 또한, 애플리케이션을 구동하되 애플리케이션의 범위와 직접 관련이 없는 모니터링 또는 기타 스택을 활성화하고 싶지 않은 때도 있다.

이 같은 경우, Compose는 애플리케이션을 여러 개의 실행 개체로 나누고, 이를 하나의 Compose 파일에서 각 실행 개체를 실행할 수 있는 옵션을 제공할 것이다. 이렇게 하면 애플리케이션을 보다 모듈화된 방식으로 실행할 수 있다. 이렇게 되면 애플리케이션 구동에 있어서 필요한 실행 개체만 실행할 수 있게 된다.

이번 장에서는 애플리케이션을 여러 파일로 분할하고 모듈 방식으로 실행하는 과정을 알아보도록 한다.

이 장에서는 다음 주제를 다룬다:

- Compose 파일 분할하기
- Compose 파일 결합하기
- 실행할 Compose 파일 선택하기
- 다양한 환경 만들기
- 여러 개의 Compse 파일을 하나로 결합하기

7.1 기술적 요구사항

이 책의 코드는 GitHub 저장소(`https://github.com/PacktPublishing/A-Developer-s-Essential-Guide-to-Docker-Compose`)에서 내려받을 수 있다. 코드에 대한 업데이트가 있으면 GitHub 저장소에도 동시에 업데이트될 것이다.

7.2 Compose 파일 분할하기

작업 관리자 애플리케이션 개발 과정에서 Redis 데이터베이스로 지원되는 간단한 Go 애플리케이션을 사용하기 시작하였다. 그 후, 두 개의 마이크로서비스를 추가하여 메인 애플리케이션의 기능을 향상시켰다. 모든 기능을 갖춘 마이크로서비스 기반 애플리케이션이 완성되었기 때문에 더 많은 모니터링이 필요하다고 판단했고, 애플리케이션의 적절한 모니터링을 위해 프로메테우스와 Pushgateway를 추가하였다. 각 단계는 서비스를 Docker Compose 파일에 통합하는 데 필요할 것이다.

각 단계를 제대로 살펴보면 애플리케이션 간에 공유되고 실행하려는 애플리케이션과 관계없이 사용할 수 있어야 하는 컴포넌트들을 확인할 수 있다. 이러한 컴포넌트는 다른 서비스와 공유해야 하는 핵심 구성 요소이므로 논리적으로 Compose 파일로 그룹화할 수 있다. 보다 구체적으로 네트워크와 데이터베이스는 애플리케이션을 실행하는 데 필수적인 핵심 Compose 프로젝트의 일부이다.

애플리케이션에서 특정 서비스가 자체적으로 Compose 파일을 가질 수 있음을 확인할 수도 있다. 예를 들어, 위치 서비스는 사용 가능한 데이터베이스 서비스가 있는 경우 독립형으로 실행될 수 있다. 이벤트 서비스도 마찬가지이다. 프로메테우스 스택 역시 애플리케이션 서버의 목표와 직접 관련이 없으므로 별도로 실행할 수 있다. 하지만 애플리케이션을 적절히 실행하는 데에는 필요할 것이다. 이제 Compose 애플리케이션의 기반 구조를 만들어 보도록 한다.

작업 관리자 기반 구축

작업 관리자 기반 구축은 네트워크와 Redis 데이터베이스이다. Docker 네트워크는 애플리케이션 연결의 중추이므로 반드시 정의가 필요할 것이다. 모든 애플리케이션은 데이터 저장을 지원하는 데이터베이스에 의해 뒷받침되어야 하므로 데이터베이스 역시 필수적이다.

따라서 프로젝트의 시작에서 base-compose.yaml 파일을 생성한다:

```
// Chapter7/base-compose.yaml
services:
  redis:
    image: redis
    networks:
      - redis-network
networks:
  location-network:
  redis-network:
  monitoring-network:
```

기본 서비스를 스핀업 하면 Redis 데이터베이스가 가동되는 것을 볼 수 있다:

```
// Chapter7/base-compose.yaml
$ docker compose -f base-compose.yaml up -d
$ docker compose -f base-compose.yaml ps
NAME                 COMMAND                         SERVICE
STATUS               PORTS
chapter7-redis-1     "docker-entrypoint.s…"          redis
running              6379/tcp
$ docker compose -f base-compose.yaml down
```

이제 기반 요소가 준비되었다. Redis 데이터베이스와 필수 네트워크 구성이 제공된다. 다음으로는 위치 서비스를 진행할 것이다.

위치 서비스

위치 서비스는 이 서비스를 실행하기 위한 전용 Compose 파일을 갖는 첫 번째 Go 기반 서비스이다. 이전에 작성했던 Compose 설정이 아닌 base-compose.yaml 파일의 컴포넌트를 사용할 것이다.

위치 서비스에 대한 Compose 파일은 다음과 같다:

```
// Chapter7/location-service/docker-compose.yaml
services:
  location-service:
    build:
      context: location-service
    image: location-service:0.1
    environment:
      - REDIS_HOST=redis:6379
    depends_on:
      - redis
    networks:
      - location-network
      - redis-network
      - monitoring-network
    healthcheck:
      test: ["CMD", "curl", "-f", "http://localhost:8080/ping"]
      interval: 10s
      timeout: 5s
      retries: 5
      start_period: 5s
```

보다시피, 위치 서비스에 대한 Compose 구성이 간소화되어 서비스 구성을 복사하기만 하면 된다. 하지만 약간의 변경이 있었다. 코드에서 context: . 대신 context: location-service를 사용할 것이다. 그 이유는 base-compose.yaml과 location-service/docker-compose.yaml이 서로 다른 파일에 있기 때문이다. Compose의 위치 경로는 절대 경로이며 처음 지정한 파일의 위치를 따른다. 따라서 우리는 Compose의 컨텍스트 경로를 사용할 것이다. 다음으로는 이벤트 서비스를 살펴본다.

이벤트 서비스

이벤트 서비스도 변경 사항이 없으며 별도의 파일로 이동된다:

```
// Chapter7/event-service/docker-compose.yaml
services:
  event-service:
    build:
      context: event-service
    image: event-service:0.1
    environment:
      - REDIS_HOST=redis:6379
      - PUSH_GATEWAY=push-gateway:9091
    depends_on:
      - redis
    networks:
      - redis-network
      - monitoring-network
```

처음 두 서비스를 나누어 메인 서비스인 작업 관리자 서비스를 진행할 수 있다.

작업 관리자

작업 관리자 서비스는 다른 두 서비스와 상호작용하는 서비스이기 때문에 마지막으로 진행할 것이다.

내용을 다른 파일로 추출하면 다음은 전용 Compose 파일이 된다:

```
// Chapter7/task-manager/docker-compose.yaml
services:
  task-manager:
    build:
      context: task-manager
    image: task-manager:0.1
    ports:
      - 8080:8080
    environment:
      - REDIS_HOST=redis:6379
      - LOCATION_HOST=http://location-service:8080
    depends_on:
```

```
      - redis
      - location-service
    networks:
      - location-network
      - redis-network
      - monitoring-network
    healthcheck:
      test: ["CMD", "curl", "-f", "http://localhost:8080/ping"]
      interval: 10s
      timeout: 5s
      retries: 5
      start_period: 5s
```

작업 관리자 설정을 통해 Go 기반 서비스를 분할하였다. 이제 프로메테우스 컴포넌트를 나눌 수 차례이다.

프로메테우스

프로메테우스는 모니터링이 목적이므로 별도의 파일에 저장되며, 다른 파일과 함께 사용할지는 사용자의 선택에 따라 달라진다. 작업 관리자 애플리케이션을 실행할 때 프로메테우스를 포함하지 않으면 모니터링 기능이 제공되지 않는다. 하지만 종속성이 줄어들고 필요한 리소스도 줄어든다.

프로메테우스 Compose 파일에는 프로메테우스 서버와 push-gateway가 포함되어 있어야 할 것이다. 이는 두 가지가 모두 모니터링 솔루션이라는 점을 고려하면 이해할 수 있다.

다음 compose 파일에는 프로메테우스 및 push-gateway에 대한 설정이 있다:

```
// Chapter7/monitoring/docker-compose.yaml
services:
  prometheus:
    image: prom/prometheus
    ports:
      - 9090:9090
    volumes:
      - ./monitoring/prometheus.yaml:/etc/prometheus/
prometheus.yml
```

```
      - ./monitoring/alerts.yml:/etc/prometheus/alerts.yaml
    networks:
      - monitoring-network
    depends_on:
      - task-manager
  push-gateway:
    image: prom/pushgateway
    networks:
      - monitoring-network
```

compose 프로메테우스 컴포넌트를 다른 Compose 파일로 추출하여 작업 관리자 애플리케이션을 모듈화했으며 이전에 만든 파일들을 결합할 수 있게 되었다. 이제 애플리케이션을 사용하면서 같은 동작을 수행할 수 있다.

7.3 Compose 파일 결합하기

이제 작업 관리자 애플리케이션을 분할하였으므로 6장, '프로메테우스로 서비스 모니터링하기'에서와 동일한 기능을 실행하며 사용할 수 있어야 할 것이다. 이제 위치 정보와 결합한 작업 관리자에게 요청을 실행하여 작업을 저장할 수 있어야 할 것이다.

Compose는 여러 파일을 결합할 수 있는 옵션을 제공할 것이다.

애플리케이션과 필요한 모든 서비스를 함께 실행해 보겠다:

```
docker compose -f base-compose.yaml -f monitoring/dockercompose.
yaml -f event-service/docker-compose.yaml -f locationservice/
docker-compose.yaml -f task-manager/docker-compose.yaml
up
⊞ Network chapter7_location-network      Created       0.0s
⊞ Network chapter7_redis-network         Created       0.0s
⊞ Network chapter7_monitoring-network    Created       0.0s
⊞ Container chapter7-redis-1             Created       0.0s
⊞ Container chapter7-push-gateway-1      Created       0.0s
⊞ Container chapter7-location-service-1 Created       0.0s
⊞ Container chapter7-event-service1      Created       0.0s
```

```
⊞ Container chapter7-task-manager 1      Created      0.0s
⊞ Container chapter7-prometheus-1        Created      0.0s
```

주목할 점은 프리픽스가 chapter7로 시작한다는 것이다. 이는 목록에서 첫 번째에 있는 기본 Compose 파일과 관련이 있다. `base-compose.yaml`은 7장의 루트에 있으므로 상대 경로가 Chapter7로 설정된다. 이것은 모니터링 프로젝트에서 설정한 구성과 잘 작동할 것이다.

지금까지 우리는 기존의 애플리케이션을 여러 부분으로 모듈화 시켜 이들을 함께 구동하는데 성공하였다. 애플리케이션의 동작은 기존 애플리케이션과 동일하였으며 애플리케이션의 모듈화로 개발은 더욱 용이해 질 것이다. 하지만 아직 유연성이 충분하지 않는다. 여전히 모든 파일을 포함하여 애플리케이션을 실행해야만 하며, 특정 모듈화된 애플리케이션에 우선순위를 두어 실행할 수도 없다. 다음 섹션에서는 Compose가 애플리케이션을 모듈화하는 데 어떻게 역할을 할 수 있는지 살펴볼 것이다.

7.4 실행할 Compose 파일 선택하기

이전 섹션에서 마주한 문제 중 하나는 애플리케이션의 Compose 파일을 한꺼번에 실행한다는 것이었다. 그러나 우리는 Compose 파일을 여러 부분으로 나누었기 때문에 모듈화를 적용할 수 있다. 그러므로, 다음 단계는 디버그를 실행하고 애플리케이션의 여러 모듈을 개별적으로 테스트하는 것이다.

Hoverfly 사용

애플리케이션이 서로 종속되어 있으므로 대안을 찾을 때까지 애플리케이션을 함께 실행하는 것이 유일한 선택지이다. 개발 및 테스트 목적으로, 종속성을 갖는 일부 서비스를 모의 실행하며 애플리케이션을 부분적으로 실행할 수 있다.

이를 위해 Hoverfly(`https://hoverfly.io/`)를 활용할 수 있다. Hoverfly는 트래픽을 가로채고 가상의 요청과 응답을 생성하여 실험을 할 수 있다.

Compose에서 캡처 모드를 사용하여 Hoverfly 인스턴스를 스핀업 하도록 하겠다:

```
services:
  hoverfly:
    image: spectolabs/hoverfly
    ports:
      - :8888
    networks:
      - location-network
      - monitoring-network
    entrypoint: ["hoverfly","-capture","-listen-on-
host","0.0.0.0"]
```

Hoverfly를 활성화하면 트래픽을 가로챈 다음 애플리케이션을 테스트할 때 트래픽을 재생하는 데 사용할 수 있다.

서비스 확장

Compose는 콘텐츠를 복제하지 않고 기존 서비스를 수정한 버전을 제공하기 위해 **서비스 확장** 기능을 제공할 것이다.

서비스 확장을 통해 기존 Compose 파일을 가져와서 필요한 컴포넌트를 변경할 것이다.

다음 예시를 살펴보겠다:

```
services:
  db:
    extends:
      file: databases.yml
      service: postgresql
    environment:
      - AUTOVACUUM=true
```

여기에서는 databases.yml Compose 파일에 정의된 postgresql 서비스를 확장하는 또 다른 Compose 파일을 생성하고 추가 환경 변수를 저장하였다.

Hoverfly로 트래픽 캡처

두 서비스가 HTTP 트래픽을 생성한다:

- 위치 서비스에 대한 작업 관리자

- push-gateway를 향한 이벤트 서비스

두 경우 모두 기본 http Go 클라이언트가 사용되므로 환경 변수를 통해 Hoverfly를 프록시로 사용하도록 설정할 수 있다.

이 경우 작업 관리자 및 이벤트 서비스 서비스를 확장하고 http 프록시를 활성화할 것이다.

다음은 이벤트 서비스 조정이다:

```
services:
  event-service:
    extends:
      file: ./event-service/docker-compose.yaml
      service: event-service
    environment:
      - HTTP_PROXY=hoverfly:8500
    depends_on:
      - hoverfly
```

다음은 작업 관리자 조정이다:

```
// Chapter7/task-manager/capture-traffic-docker-compose.yaml
services:
  task-manager:
    extends:
      file: ./task-manager/docker-compose.yaml
      service: task-manager
    environment:
      - HTTP_PROXY=hoverfly:8500
    depends_on:
      - hoverfly 0
```

이러한 구성을 사용하면 교환된 트래픽을 캡처할 수 있다. 그런 다음 스택을 함께 실행하여 Hoverfly가 캡처한 내용이 있는지 확인할 수 있다:

```
docker compose -f base-compose.yaml -f monitoring/dockercompose.
yaml -f event-service/capture-traffic-docker-compose.
```

```
yaml -f location-service/docker-compose.yaml -f task-manager/
capture-traffic-docker-compose.yaml -f hoverfly/docker-compose.
yaml up
```

몇 가지 작업을 생성한 후 Hoverfly로 이동하여 캡처된 요청을 확인할 수 있다:

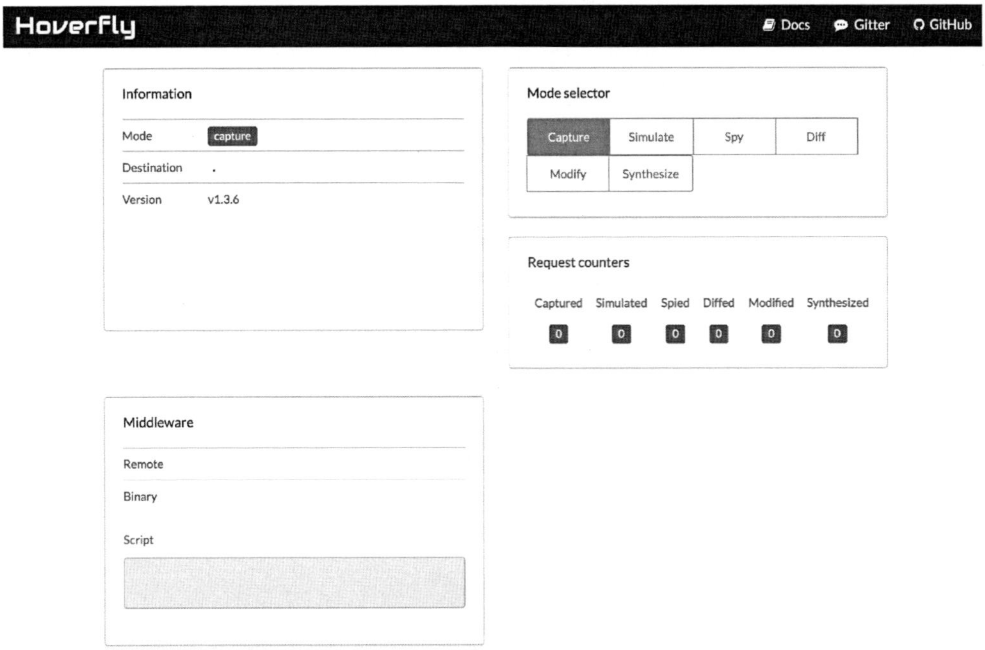

그림 7.1 – Hoverfly 랜딩 페이지

실제로 요청이 캡처되었다. 이제 Hoverfly가 캡처한 데이터를 내보내야 할 것이다. 캡처한 모든 데이터를 JSON 파일로 내보낼 수 있다:

```
curl http://localhost:8888/api/v2/simulation
{"data":{"pairs":[{"request":{"path":[{"matcher":"exact",
"value":"/location/0c2e2081-075d-443a-ac20-
...
"schemaVersion":"v5.1","hoverflyVersion":"v1.3.6",
"timeExported":"2022-05-22T13:35:46Z"}}
```

앞서 검색한 시뮬레이션은 트래픽 가로채기의 대상이 되는 모든 서비스에서 캡처된 데이터를 가져온다. 한 단계 더 나아가 서비스별로 캡처된 트래픽을 추출해 보도록 한다.

위치 서비스 시뮬레이션 추출

작업 관리자는 위치 서비스를 사용한다는 점을 기억해야 할 것이다. 작업 관리자를 테스트 목적으로 실행하려면 Hoverfly를 사용하여 위치 서비스를 시뮬레이션해야 할 것이다.

시뮬레이션 파일은 이미 위치 서비스 디렉터리 안에 있다. 그러므로, 이전 요청에서 시뮬레이션을 추출하려면 다음 단계를 수행하면 된다.

위치 서비스 디렉터리에 대한 시뮬레이션을 추출한다:

```
cd location-service
curl --location --request GET 'http://localhost:8888/api/
v2/simulation?urlPattern=location-service:8080' > location-
simulation.json
```

location-simulation.json 파일에는 시뮬레이션 모드에서 Hoverfly를 실행하여 사용할 수 있는 시뮬레이션 상황이 포함된다.

푸시 게이트웨이 시뮬레이션 추출

이벤트 서비스는 메트릭을 노출하기 위해 푸시 게이트웨이에 요청 메시지를 전송할 것이다. 이때, 이전 단계에서 푸시 게이트웨이에서 캡처한 메시지를 내보내면 된다.

시뮬레이션 파일은 이미 모니터링 디렉토리에 배치되어 있다. 이전 요청에서 시뮬레이션을 추출하려면 푸시 게이트웨이 서비스에 대한 시뮬레이션을 추출하면 된다:

```
cd monitoring
curl --location --request GET 'http://localhost:8888/api/
v2/simulation?urlPattern=push-gateway:9091' > push-gateway-
simulation.json
```

push-gateway-simulation.json 파일에는 시뮬레이션 모드에서 Hoverfly를 실행하여 사용할 수 있는 시뮬레이션 상황이 포함된다.

시뮬레이션 조정하기

시뮬레이션 모드에서 Hoverfly는 http 요청의 컴포넌트에 대한 특정 규칙과 매핑된다. 예를 들어 path 변수가 있는 동적 엔드포인트에 대한 요청을 시뮬레이션하려면, 대상 엔드포인트가 Hoverfly 시뮬레이션에서 기존 엔드포인트의 정규식 표현과 일치하는 경우 페이로드로 응답하도록 Hoverfly를 구성해야 할 것이다.

이 경우 REST 호출의 본문은 동적이다. 따라서 이전에 내보낸 시뮬레이션을 조정하고 `"body":[{"matcher":"glob","value":"*"}]}`를 사용하여 POST 요청 본문에서 찾은 페이로드를 수용할 것이다.

Hoverfly를 사용하여 모의 애플리케이션 만들기

이전에 내보낸 시뮬레이션을 사용하여 모의 애플리케이션을 만들 수 있다.

먼저 위치 서비스를 위한 시뮬레이션을 사용하여 작업 관리자 배포를 만들어 보도록 할 것이다.

모의 위치 서비스

이제 Hoverfly 시뮬레이션이 있으므로, 실제 서비스를 실행할 필요 없이 위치 서비스를 시뮬레이션할 수 있다. Compose 배포는 작업 관리자 서비스에만 집중할 것이다.

시뮬레이션에 Hoverfly를 활용하는 compose 파일은 다음과 같다:

```
services:
  location-service:
    image: spectolabs/hoverfly:v1.3.6
    ports:
      - 8888:8888
    networks:
      - location-network
      - redis-network
    volumes:
      - ./location-service/location-simulation.json:/etc/
hoverfly/location-simulation.json
    entrypoint: ["hoverfly","-webserver","-listen-on-
host","0.0.0.0", "-import", "/etc/hoverfly/location-simulation.
json", "-pp","8080"]
```

실행하여 결과를 확인해 보겠다:

```
docker compose -f base-compose.yaml -f task-manager/dockercompose.
yaml -f location-service/mock-location-service.yaml up
```

위치 서비스를 가동할 필요 없이 작업 관리자 서비스와 상호 작용할 수 있다.

모의 푸시 게이트웨이

독립적으로 실행하려고 시도한 다음 서비스는 이벤트 서비스이다. 이 서비스가 의존하고 있는 컴포넌트는 push-gateway었다. 이전 단계의 시뮬레이션이 있으므로, 해당 종속성이 없는 Docker 파일을 생성해 보겠다:

```
services:
  push-gateway:
    image: spectolabs/hoverfly:v1.3.6
    ports:
      - 8888:8888
    networks:
      - monitoring-network
      - redis-network
    volumes:
      - ./monitoring/push-gateway-simulation.json:/etc/
hoverfly/push-gateway-simulation.json
    entrypoint: ["hoverfly","-webserver","-listen-on-
host","0.0.0.0", "-import", "/etc/hoverfly/push-gateway-
simulation.json", "-pp","8080"]
```

이제 다른 서비스의 Compose 파일에 의존하지 않고 독립적으로 이벤트 서비스를 실행하겠다:

```
docker compose -f base-compose.yaml -f event-service/dockercompose.
yaml -f monitoring/mock-push-gateway.yaml up
```

위치 서비스를 스핀업 할 필요 없이 작업 관리자 서비스와 상호 작용할 수 있다. 또한, push-gateway 컴포넌트를 실행하지 않고 이벤트 서비스를 실행할 수 있다. 다른 서비스는 사용하지 않고 필요한 컴포넌트만 사용하여 애플리케이션을 실행할 것이다. 이를 통해 유연한 개발이 가능할 것이다.

7.5 다양한 환경 만들기

지금까지 서비스 간의 종속성을 해결하고 필요한 것만 실행할 수 있는 기능을 제공했는데, 이를 좀더 다양한 시나리오에 적용할 수 있도록 개선시켜 보도록 할 것이다. 우리가 실행한 Compose 명령을 살펴보면 각 경우마다 파일이 사용되었음을 확인할 수 있다. Compose는 서로 다른 compose 파일을 결합하고 다양한 환경을 조합할 수 있는 유연성을 제공할 것이다.

캡처를 활성화하여 실행

앞서 살펴본 바와 같이, Hoverfly를 사용하여 애플리케이션 간에 주고받는 트래픽을 캡처할 수 있는 환경을 구축할 수 있다:

```
docker compose -f base-compose.yaml -f monitoring/docker-compose.
yaml -f event-service/capture-traffic-docker-compose.
yaml -f location-service/docker-compose.yaml -f task-manager/
capture-traffic-docker-compose.yaml -f hoverfly/proxy.yaml up
```

이 환경은 사용자가 새로운 테스트용 시뮬레이션을 생성하고자 할 때 사용할 수 있다.

모니터링을 비활성화한 상태에서 실행

모니터링을 활성화하지 않고도 간결한 환경을 구축할 수 있다:

```
docker compose -f base-compose.yaml -f monitoring/mock-pushgateway.
yaml -f event-service/docker-compose.yaml -f locationservice/
docker-compose.yaml -f task-manager/docker-compose.yaml
up
```

이 환경은 더 적은 리소스로 Compose 애플리케이션을 실행하는 데 도움이 될 수 있다.

개별적으로 애플리케이션 실행

개발 중에는 한 번에 하나의 컴포넌트에 집중하는 것이 중요할 것이다. 이제는 서비스를 분리시켜 실행하고 해당되는 경우 모의실험을 이용하여 그렇게 할 수 있다:

- 작업 관리자:

```
docker compose -f base-compose.yaml -f location-service/
mock-location-service.yaml -f task-manager/dockercompose.
yaml up
```

- 위치 서비스:

```
docker compose -f base-compose.yaml -f location-service/
docker-compose.yaml up
```

- 이벤트 서비스:

```
docker compose -f base-compose.yaml -f monitoring/mockpush-
gateway.yaml -f event-service/docker-compose.yaml up
```

원본 애플리케이션을 여러 개의 Compose 파일로 분할하여, 다양한 파일들을 조합해보고 새로운 애플리케이션 결과물을 얻을 수 있었다. 서로 다른 Compose 파일을 조합하여 특정 목적에 맞는 다양한 환경을 만들 수 있었다. 예를 들어 모니터링이 없는 환경이나 트래픽 캡처에 중점을 둔 환경 또는 테스트를 위한 모의 환경을 만들 수 있다. 이와 같은 환경을 구축해 보았으므로, 커맨드 라인의 명령어 수행을 통해 수동으로 설정 파일을 조합하는 대신 각 사례에 대해 통합된 설정을 수행할 수 있을 것이다.

7.6 여러 개의 Compse 파일을 하나로 결합하기

Compose 파일을 조합하여 다양한 환경을 만들었다. 이렇게 하면 개발 프로세스에는 도움이 될 수 있지만, 실질적 운영에 있어서 복잡도가 가중 될 수 있다. Compose는 다양하게 사용되는 여러 Compose 파일들을 하나로 결합할 수 있는 옵션을 제공할 것이다.

config 사용

config는 지정된 파일을 병합하는 Docker Compose 명령어이다. 예를 들어, 위치 서비스를 독립형으로 실행하고 싶을 때 사용해 볼 수 있다:

```
docker compose -f base-compose.yaml -f location-service/docker-
compose.yaml config
```

그 결과 통합 JSON이 생성된다:


```
name: chapter7
services:
  location-service:
    build:
      context: /path/to/git/A-Developer-s-Essential-Guide-to-
Docker-Compose/Chapter7/location-service
      dockerfile: Dockerfile
    depends_on:
    redis:
      condition: service_started
    environment:
      REDIS_HOST: redis:6379
    healthcheck:
      test:
      - CMD
      - curl
      - -f
      - http://localhost:8080/ping
      timeout: 5s
      interval: 10s
      retries: 5
      start_period: 5s
    image: location-service:0.1
    networks:
      location-network: null
      monitoring-network: null
      redis-network: null
  redis:
    image: redis
    networks:
```

```
        redis-network: null
networks:
  location-network:
    name: chapter7_location-network
  monitoring-network:
    name: chapter7_monitoring-network
  redis-network:
    name: chapter7_redis-network
```

여기서는 config를 사용하여 병합된 compose 설치를 생성하였다. 이렇게 하면 다양한 상황에서 사용하는 Compose 파일을 보다 관리하기 쉬운 방식으로 결합할 수 있다.

7.7 요약

모놀리식 Compose 애플리케이션을 여러 개의 Compose 파일로 구성된 유연한 모듈형 애플리케이션으로 전환하였다. 또한, Compose 파일 간의 종속성을 기반으로, 각 서비스를 개발 목적으로 실행하기 위한 모의 서비스를 생성하는 작업을 간결하게 진행하였다. 이후 다양한 Compose 파일들을 조합하여 애플리케이션을 위한 다양한 환경을 만들었다. 그런 다음 필요한 시나리오에 따라 다양한 파일들을 하나로 병합하는 작업을 진행하였다. 다음 장에서는 Compose를 사용하여 최종 시스템 환경을 시뮬레이션하는 방법을 살펴보도록 한다.

CHAPTER 8

로컬에서 최종 시스템 시뮬레이션하기

이전 장에서는 마이크로서비스 기반 애플리케이션을 서로 다른 Compose 파일로 모듈화하였다. 또한 모듈화된 애플리케이션의 원활한 구동을 위해 다양한 환경을 구성하여 보았다. 모의 서비스가 있는 환경, 서비스 간 트래픽을 캡처하는 환경, 모니터링이 활성화된 환경 등이었다.

모의 서비스 환경을 구축하고, 다양한 환경을 생성하고, 애플리케이션을 모니터링할 수 있게 되었으므로 일반적인 개발 과정에서 생산성과 효율성을 높일 수 있다. 이 장에서는 Compose를 사용하여 지역적으로 최종 시스템을 시뮬레이션하는 데 중점을 두겠다. 종속성이 적고 테스트할 수 있는 개발 환경이 준비되어 있다면 개발팀은 시작에서부터 생산성을 높일 수 있다.

우리의 목표 시나리오는 AWS 환경이다. 로컬에서 AWS 서비스를 시뮬레이션하고 Docker Compose 애플리케이션을 통해 Lambda 기반 AWS 환경을 재현해 보도록 한다.

대상 환경은 JSON 페이로드를 수신하는 간단한 애플리케이션이다. 이 애플리케이션은 정보를 DynamoDB에 저장한 다음 업데이트를 **Simple Queue Service(SQS)** 큐로 전송할 것이다. 또 다른 Lambda 애플리케이션은 SQS 메시지를 읽고 아카이브 목적으로 **Simple Storage Service(S3)**에 저장할 것이다.

실제 AWS 환경에서는 SQS, **Simple Notification Service(SNS)**, S3, DynamoDB 등 관련된 모든 구성 요소가 잘 통합되어 있어 애플리케이션 운영을 간소화할 수 있다. 하지만

이 환경을 로컬 테스트에 사용하려면 잘 통합된 AWS 환경을 구성하기 위한 몇 가지 해결 방법이 필요할 것이다. 애플리케이션의 구성 요소는 요청을 DynamoDB에 저장하는 REST 기반 Lambda 애플리케이션, Lambda 함수에서 SQS 메시지 게시를 시뮬레이션하는 애플리케이션, SQS 이벤트를 S3에 저장하는 SQS 기반 Lambda 애플리케이션이 될 것이다.

이번 장에서 다룰 주제는 다음과 같다:

- 비공개 워크로드와 공개 워크로드 분리하기
- 로컬에서 DynamoDB 설정
- 로컬에서 SQS 설정하기
- 로컬에서 S3 설정하기
- REST 기반 Lambda 함수 설정하기
- SQS 기반 Lambda 함수 설정하기
- Lambda 함수 연결하기

8.1 기술적 요구 사항

이 책의 코드는 GitHub 저장소(`https://github.com/PacktPublishing/A-Developer-s-Essential-Guide-to-Docker-Compose`)에서 내려받을 수 있다. 코드에 대한 업데이트가 있으면 GitHub 저장소에도 동시에 업데이트될 것이다.

8.2 비공개 워크로드와 공개 워크로드 분리하기

AWS에서 이루어지는 작업은 내부에서 이뤄지므로 워크로드를 비공개와 공개로 분리해야 할 것이다.

페이로드를 수신하는 REST 기반 Lambda 애플리케이션은 최종 사용자와 상호 작용하기 때문에 공용 네트워크에 있어야 할 것이다. SQS 이벤트를 읽고 S3에 저장하는 SQS 기반 Lambda 애플리케이션은 비공개여야 할 것이다. SQS 기반 Lambda 애플리케이션에 대한

SQS 이벤트를 시뮬레이션하는 애플리케이션 역시 비공개이다.

DynamoDB, SQS 및 S3와 같은 모의 AWS 구성 요소는 사설 네트워크를 사용해야 할 것이다.

다음과 같은 Compose 구성으로 네트워크를 정의한다:

```
networks:
  aws-internal:
  aws-public:
```

사설 네트워크가 정의되었으므로 이제 모의 AWS 컴포넌트를 Compose 애플리케이션에 추가할 수 있다.

8.3 로컬에서 DynamoDB 설정

AWS에서 일반적으로 사용되는 데이터베이스는 DynamoDB이다. DynamoDB는 서버리스 key/value **NoSQL** 데이터베이스이다. AWS에서 제공하는 Docker 이미지를 사용하여 Compose 구성에 추가할 것이다. 편의를 위해 포트를 로컬에 노출할 것이다.

앞서 언급했듯이 DynamoDB 서비스는 이전에 정의한 사설 네트워크를 사용한다:

```
services:
  dynamodb:
    image: amazon/dynamodb-local
    ports:
      - 8000:8000
    networks:
      - aws-internal
```

로컬에서 DynamoDB가 실행 중이므로 여기에 테이블을 만들어 보도록 한다.

DynamoDB 테이블 만들기

Redis와 달리 DynamoDB에서는 테이블을 미리 만들어야 할 것이다. Compose 애플리케이션에 컨테이너를 추가하여 DynamoDB에 테이블을 생성할 것이다.

2장, 'Compose를 이용해 첫 응용 실행하기'에서 이와 유사한 작업을 수행하였다. 컨테이너는 AWS CLI 이미지(`https://hub.docker.com/r/amazon/aws-cli`)를 사용하고, 포함된 Dynamo DB 유틸리티를 사용하기 위해 명령을 재정의하며, 테이블을 생성할 것이다.

DynamoDB를 사용할 수 있어야 하므로 초기화 컨테이너는 DynamoDB 서비스에 따라 달라진다. 테이블은 사용되기 전에 미리 존재해야 하므로 나머지 애플리케이션은 초기화 서비스에 따라 달라진다.

테이블을 생성하는 스크립트는 다음과 같다:

```
#!/bin/sh
aws dynamodb create-table \
    --table-name newsletter \
    --attribute-definitions \
        AttributeName=email,AttributeType=S \
    --key-schema \
        AttributeName=email,KeyType=HASH \
    --provisioned-throughput \
        ReadCapacityUnits=5,WriteCapacityUnits=5 \
    --table-class STANDARD --endpoint-url http://dynamodb:8000
http://host.docker.internal:8000
```

그런 다음 초기화 컨테이너를 Compose 애플리케이션에 추가한다:

```
services:
  dynamodb-initializer:
    image: amazon/aws-cli
    env_file:
      - ./mock_crentials.env
    entrypoint: "/create_table.sh"
    depends_on:
      - dynamodb
    volumes:
      - ./create_table.sh:/create_table.sh
    networks:
      - aws-internal
```

보다시피, AWS CLI를 사용하기 위해 몇 가지 모의 자격 증명을 추가하고 DynamoDB를 위해 엔드포인트를 재정의하였다. 이제 로컬에서 DynamoDB를 테스트할 수 있다.

로컬 DynamoDB와 상호작용하기

작은 스니펫을 실행하여 이전에 설정한 로컬 DynamoDB를 테스트할 수 있다.

우선 DynamoDB를 시작하겠다:

```
$ docker compose -f base-compose.yaml up
```

예제를 실행하기 위해 Go를 사용해야 하므로 기존 Go 프로젝트를 사용하거나 이전 챕터에서 사용한 초기화 명령어로 예제 프로젝트를 생성할 수 있다.

작업이 완료되면, 다음의 종속성을 포함해야 한다(dynamodb-snippet 디렉토리에서 다음 명령을 실행해야 한다):

```
$ go get github.com/aws/aws-sdk-go/aws
$ go get github.com/aws/aws-sdk-go-v2/service/dynamodb
```

이제 다음 작은 스니펫을 사용하여 DynamoDB 테이블에 항목을 넣을 수 있다:

```
sess, _ := session.NewSession(&aws.Config{
    Region:      aws.String("us-west-2"),
    Credentials: credentials.
NewStaticCredentials("fakeMyKeyId", "fakeSecretAccessKey", ""),
})
svc := dynamodb.New(sess, aws.NewConfig().WithEndpoint("http://
localhost:8000").WithRegion("eu-west-2"))
item := Subscribe{
    Email: "john@doe.com",
    Topic: "what I subscribed",
}
av, _ := dynamodbattribute.MarshalMap(item)
input := &dynamodb.PutItemInput{
    Item:      av,
    TableName: aws.String("Newsletter"),
```

```
}
svc.PutItem(input)
```

로컬에서 DynamoDB를 사용하여 시뮬레이션하는 데 성공하였다. 또한 컨테이너를 사용하여 테이블을 생성하였다. 생성한 DynamoDB 테이블의 항목을 지속시킬 코드 예제도 실행하였다. Compose 애플리케이션에는 DynamoDB가 실행 중이므로 서비스에서 이 데이터베이스와 상호 작용할 수 있다. 다음 단계는 Compose 애플리케이션에 모의 SQS 컴포넌트를 추가하는 것이다.

8.4 로컬에서 SQS 설정하기

DynamoDB 항목이 생성되었을 때 이를 알리기 위해 SQS가 사용된다. REST 기반 Lambda 애플리케이션은 SQS로 메시지를 전송할 것이다.

`elasticmq`는 매우 인기 있는 SQS 에뮬레이터 도구(`https://github.com/softwaremill/ elasticmq`)로, SQS에서 제공하는 대부분의 기능을 다루고 있다.

데이터를 SQS로 푸시하려면 큐를 생성해야 할 것이다. `elasticmq`는 초기화 시 큐를 생성하는 옵션을 제공할 것이다.

구성은 다음과 같다:

```
//sqs.conf
include classpath("application.conf")

queues {
  subscription-event{}
}
```

이제 Compose 파일에 `elasticmq` 구성을 추가해 보겠다:

```
services:
  sqs:
    image: softwaremill/elasticmq
```

```
    ports:
      - 9324:9324
      - 9325:9325
    networks:
      - aws-internal
    volumes:
      - ./sqs.conf:/opt/elasticmq.conf
...
```

DynamoDB에서 했던 것처럼, 편의상 포트를 로컬에 노출할 것이다. 또한 elasticmq는 포트 9325(http://localhost:9325/)에서 관리자 인터페이스를 제공할 것이다. Go 스니펫을 사용하여 로컬 SQS 브로커와 상호 작용해 보도록 한다.

다음 모듈이 포함되어야 한다(다음 명령은 sqs-snippet 디렉토리에서 실행되어야 한다):

```
$ go get github.com/aws/aws-sdk-go/aws
$ go get github.com/aws/aws-sdk-go/service/sqs
```

코드 스니펫은 서비스에서 사용 가능한 큐를 출력한다:

```
session, _ := session.NewSession(&aws.Config{
   Region:      aws.String("us-west-2"),
   Credentials: credentials.NewStaticCredentials("fakeMyKeyId",
"fakeSecretAccessKey", ""),
})
svc := sqs.New(session, aws.NewConfig().WithEndpoint("http://
localhost:9324").WithRegion(os.Getenv(AWS_REGION_ENV)))

result, _ := svc.ListQueues(nil)

for i, url := range result.QueueUrls {
   fmt.Printf("%d: %s\n", i, *url)
}
```

로컬에서 SQS 시뮬레이터를 성공적으로 실행하였다. 또한 에뮬레이터의 큐 생성에서의 통합된 기능을 사용하여 SQS 큐를 생성하였다. 에뮬레이터 엔드포인트를 사용하여 SQS

큐에 데이터를 게시하는 데 성공한 코드 예제도 구현하였다. Compose에서 호스팅되는 서비스는 SQS와 상호 작용하고 메시지를 게시할 수 있어야 할 것이다. 다음 섹션에서는 애플리케이션에서 blob 저장을 용이하게 하기 위해 Compose에서 모의 S3 서버를 설정할 것이다.

8.5 로컬에서 S3 설정하기

S3는 AWS에서 제공하는 고가용성 객체 스토리지 서비스이다. 대부분의 AWS 서비스와 마찬가지로 상호 작용할 수 있는 REST API와 SDK를 제공할 것이다.

로컬에서 S3를 시뮬레이션하기 위해 GitHub에서 높은 평가를 받는 프로젝트인 S3Mock (https://github.com/adobe/S3Mock)을 사용할 것이다.

처음부터 버킷을 생성할 수 있는 구성 옵션도 제공하는 Docker 이미지를 사용할 수 있다.

이것을 Compose 파일에 추가하고 내부 네트워크에도 첨부한다:

```
services:
...
  s3:
    image: adobe/s3mock
    ports:
      - 9090:9090
    networks:
      - aws-internal
    environment:
      - initialBuckets=subscription-bucket
```

이를 위한 코드 스니펫을 추가할 것이므로, 다음 패키지가 포함되어야 한다(다음 명령은 s3-snippet 디렉토리에서 실행해야 한다):

```
$ go get github.com/aws/aws-sdk-go/aws
$ go get github.com/aws/aws-sdk-go/service/s3
```

코드 스니펫에 사용 가능한 버킷이 나열된다:

```
sess := session.Must(session.NewSessionWithOptions(session.
Options{
    SharedConfigState: session.SharedConfigEnable,
}))
s3 := s3.New(sess, aws.NewConfig().WithEndpoint("http://
localhost:9090").WithRegion("us-west-2"))
buckets, _ := s3.ListBuckets(nil)
for i, bucket := range buckets.Buckets {
    fmt.Printf("%d: %s\n", i, *bucket.Name)
}
```

로컬에서 S3 에뮬레이터를 실행할 수 있었다. 에뮬레이터를 구성했고 버킷을 사용하여 초기화하였다. 다음으로는 로컬 S3 버킷을 가리키고 생성된 기존 버킷을 나열하는 코드 예제를 실행하였다. 다음 섹션에서는 REST 기반 Lambda 함수를 설정할 것이다.

8.6 REST 기반 Lambda 함수 설정하기

AWS는 Lambda라는 함수 제공형 서비스를 제공한다. AWS Lambda는 다양한 방식으로 통합 및 호출할 수 있는 함수 제공 서비스라고 할 수 있다. 이를 활용할 수 있는 한 방법은 REST API를 백엔드로 사용하는 것이다.

우리가 구현할 REST 기반 Lambda 함수는 JSON 페이로드를 수신하여 DynamoDB에 저장할 것이다.

AWS가 `docker-lambda`를 제공하므로 이것은 로컬에서 쉽게 시뮬레이션될 수 있다.

`docker-lambda`를 사용하면 AWS Lambda 함수를 시뮬레이션할 수 있는 컨테이너 이미지를 생성할 수 있다. AWS는 함수 코드와 Lambda(`https://github.com/lambci/docker-lambda`) 간의 상호 작용을 용이하게 하는 런타임 인터페이스 클라이언트가 포함된 이미지를 제공할 것이다.

더 나아가 이를 통해 로컬에서 Lambda 함수 호출을 시뮬레이션할 수 있다.

함수의 코드부터 시작해 보도록 한다.

처음에는 요청을 DynamoDB에 유지한다:

```
type Subscribe struct {
    Email string `json:"email"`
    Topic string `json:"topic"`
}

func HandleRequest(ctx context.Context, subscribe Subscribe)
(string, error) {
    dynamoDb, _:= dynamoDBSession()
    marshalled, _ := dynamodbattribute.MarshalMap(subscribe)
    input := &dynamodb.PutItemInput{
        Item:       marshalled,
        TableName: aws.String(TableName),
}

    dynamoDb.PutItem(input)
    sendToSQS(subscribe)

    return fmt.Sprintf("You have been subscribed to the %s
newsletter", subscribe.Topic), nil
}
```

그런 다음 SQS에 메시지를 보낸다:

```
func sendToSQS(subscribe Subscribe) {
    if !isSimulated() {
        return
    }

    if session, err := sqsSession(); err == nil {
        if bytes, err := jsonutil.BuildJSON(subscribe); err
== nil {
                smsInput := &sqs.SendMessageInput{
                    MessageBody: aws.String(string(bytes)),
                    QueueUrl:    aws.String(os.Getenv(SQS_
TOPIC_ENV)),
                }
```

```
                if _, err := session.SendMessage(smsInput);
err != nil {
                        fmt.Println(err)
                }

[...]
func sqsSession() (*sqs.SQS, error) {
    session, _ := session.NewSession()

    return sqs.New(session, aws.NewConfig().WithEndpoint(os.
Getenv(SQS_ENDPOINT_ENV)).WithRegion(os.Getenv(AWS_REGION_
ENV))), nil
}
```

전체 소스 예제는 GitHub에서 확인할 수 있다(https://github.com/PacktPublishing/A-Developer-s-Essential-Guide-to-Docker-Compose/blob/main/Chapter8/newsletter-lambda/newsletter.go).

이제 애플리케이션에 대한 Dockerfile을 생성해 보겠다:

```
FROM amazon/aws-lambda-go:latest as build
RUN yum install -y golang
RUN go env -w GOPROXY=direct
COPY go.mod ./
COPY go.sum ./
RUN go mod download
COPY *.go ./
RUN go build -o /main
FROM amazon/aws-lambda-go:latest
COPY --from=build /main /var/task/main
CMD [ "main" ]
```

애플리케이션에 대한 Compose 파일을 추가하도록 모든 것이 설정되어 있다:

```
services:
  newsletter-lambda:
    build:
      context: ./newsletter-lambda/
```

```
    image: newsletter_lambda
    ports:
      - 8080:8080
    environment:
      - SIMULATED=true
      - DYNAMODB_ENDPOINT=http://dynamodb:8000
      - SQS_ENDPOINT=http://sqs:9324
      - SQS_TOPIC=/000000000000/subscription-event
    depends_on:
      - dynamodb-initializer
      - sqs
    env_file:
      - ./mock_crentials.env
    networks:
      aws-internal:
      aws-public:
```

보다시피, 앞서 생성한 모의 AWS 서비스를 참조할 것이다. 또한, Compose 파일을 통해 Docker 이미지를 빌드할 것이다. 이것은 공개 서비스이자 애플리케이션의 엔트리 포인트이므로 포트를 로컬에 노출시킨다.

Compose를 사용하여 실행해 보겠다:

```
docker compose -f docker-compose.yaml -f newsletter-lambda/
docker-compose.yaml build
docker compose -f docker-compose.yaml -f newsletter-lambda/
docker-compose.yaml up
```

보다시피, 7장, 'Compose 파일 결합하기'에서 했던 것처럼 Compose 파일을 결합하였다.

서비스가 실행 중이며, curl 요청을 발행하여 서비스를 테스트할 수 있다:

```
curl -XPOST "http://localhost:8080/2015-03-31/
functions/function/invocations" -d '{"email":"john@doe.
com","topic":"Books"}'
"You have been subscribed to the Books newsletter"
```

요약하자면, Compose에서 AWS Lambda 함수를 생성하고 모의 DynamoDB 및 SQS 서

비스와의 상호 작용을 쉽게 만들 수 있었다. AWS 콘솔과 상호 작용하지 않고도 Compose를 통해 AWS 서비리스 기반 애플리케이션을 시뮬레이션할 수 있었다. 다음 섹션에서는 한 단계 더 나아가 Compose 애플리케이션에 SQS 기반 AWS Lambda 함수를 도입해 보도록 한다.

8.7 SQS 기반 Lambda 함수 설정하기

이제까지 REST 기반 AWS Lambda 함수를 로컬에서 실행할 수 있었다. 다음 컴포넌트 역시 Lambda 함수이지만 메시지 기반으로 하며, 더 구체적으로는 이전에 내보낸 SQS 이벤트를 수신할 것이다.

그러면 Lambda 애플리케이션이 SQS 이벤트를 수신하여 S3에서 이벤트를 유지할 것이다. 이전에 사용한 것과 동일한 컴포넌트가 이 애플리케이션에도 사용된다.

함수 핸들러는 다음과 같다:

```
func HandleRequest(ctx context.Context, sqsEvent events.
SQSEvent) error {
    session := s3Session()
    for _, message := range sqsEvent.Records {
        var subscribe Subscribe
        json.Unmarshal([]byte(message.Body), &subscribe)

        key := fmt.Sprintf("%s.%d", hash(subscribe.Email),
time.Now().UnixNano()/int64(time.Millisecond))

        marshalled, _ := json.Marshal(subscribe)

        session.PutObject(&s3.PutObjectInput{
            Bucket: aws.String(os.Getenv(SUBSCRIPTION_BUCKET_ENV)),
            Key:    aws.String(key),
            Body:   bytes.NewReader(marshalled),
            })
    }
```

```
    return nil
}
```

함수 핸들러는 SQS 메시지가 포함된 SQSEvent를 수신할 것이다. 각 메시지는 해시 및 시간 기반 생성 키를 사용하여 언마샬링(unmarshalled)되고 S3에 저장된다.

AWS는 SQS 메시지 처리를 간소화시킨다. 함수 호출이 성공하면 메시지는 SQS에서 제거된다. 그렇지 않으면 메시지는 큐에 남아있다.

이미지를 빌드하려면 Dockerfile이 필요하다:

```
FROM amazon/aws-lambda-go:latest as build
RUN yum install -y golang
RUN go env -w GOPROXY=direct
COPY go.mod ./
COPY go.sum ./
RUN go mod download
COPY *.go ./
RUN go build -o /main
FROM amazon/aws-lambda-go:latest
COPY --from=build /main /var/task/main
CMD [ "main" ]
```

이 애플리케이션은 Lambda 기반 애플리케이션이므로, Dockerfile은 REST 기반 Lambda 애플리케이션에 구현한 Dockerfile과 동일할 것이다.

이제 Compose file을 생성하겠다:

```
services:
  s3store-lambda:
  build:
    context: ./s3store-lambda/
  image: s3store-lambda
  environment:
    - SIMULATED=true
    - S3_ENDPOINT=http://s3:9090
    - SUBSCRIPTION_BUCKET=subscription-bucket
    - AWS_REGION=eu-west-2
  links:
```

```
-    "s3:subscription-bucket.s3"
depends_on:
   - s3
env_file:
   - ./mock_crentials.env
networks:
   aws-internal:
```

애플리케이션은 내부적으로만 액세스되므로 내부 네트워크에 상주할 것이다. 또한, 우리는 앞서 정의한 모의 AWS 서비스를 참조하지만, 링크 섹션에 중요한 세부 사항이 있다.

도커 Compose 링크

S3 엔드포인트의 루트를 통해 액세스하는 대신, 버킷에 액세스할 때 S3가 작동하는 방식에 따라 엔드포인트에 버킷 이름이 추가된다. 버킷 이름이 my-bucket인 경우, 이 버킷과 상호 작용하기 위한 URL은 https://my-bucket.s3.your-region.amazonaws.com/이다.

우리는 S3를 엔드포인트로 사용하고 있고, 코드가 subscription-bucket.s3에 액세스하려고 시도하기 때문에 이는 우리의 배치와 충돌할 것이다. 이 문제를 해결하기 위해 Compose가 제공하는 링크 기능을 활용해야 할 것이다.

링크를 사용하여 subscription-bucket.s3를 s3 서비스의 추가 별칭으로 정의할 수 있으므로, 서비스를 통해 subscription-bucket.s3에 도달할 수 있다.

지금까지 SQS 기반 Lambda 함수를 생성하고 로컬에서 실행하는 데 성공하였다. 우리는 S3를 사용하며 버킷 기반 엔드포인트에서 별칭을 통해 문제를 해결하였다. 다음 섹션에서는 SQS 기반 Lambda 함수에 대한 AWS 환경을 시뮬레이션하는 중급 로컬 전용 애플리케이션(intermediate local-only application)을 통해 두 애플리케이션을 결합해 보도록 한다.

8.8 Lambda 함수 연결하기

지금까지 S3 및 SQS를 위한 모의 AWS 컴포넌트를 구축했으며, REST 기반 커뮤니케이션과 SQS 기반 커뮤니케이션을 위한 두 Lambda 함수를 만들었다. 메시지를 SQS에 게시함으로써 AWS가 해당 메시지를 처리하는 Lambda 함수에게 메시지를 발송하는 작업을 처리하기 때문에, AWS 환경에서는 두 함수가 원활하게 통합될 수 있었다.

이러한 원활한 통합은 현재 Compose 애플리케이션의 상태에서는 놓치고 있는 부분이다. 이 기능을 용이하게 하기 위해서는 SQS로부터 이미지를 가져오고 이것을 SQS 기반 함수로 푸시하는 서비스를 만들어야 할 것이다.

소스코드는 매우 간소화되어 있다:

```
session, _ := sqsSession()
queueUrl := aws.String(os.Getenv(SQS_TOPIC_ENV))
msgResult, _ := session.ReceiveMessage(&sqs.
ReceiveMessageInput{
    QueueUrl: queueUrl,
})
if msgResult != nil && len(msgResult.Messages) > 0 {
    sqsEvent := map[string][]*sqs.Message{
    "Records": msgResult.Messages,
}

marshalled, _ := json.Marshal(sqsEvent)
http.Post(os.Getenv(S3STORE_LAMBDA_ENDPOINT_ENV), "application/
json", bytes.NewBuffer(marshalled))
    for i := 0; i < len(msgResult.Messages); i++ {
        session.DeleteMessage(&sqs.DeleteMessageInput{
            QueueUrl:      queueUrl,
            ReceiptHandle:
            msgResult.Messages[i].ReceiptHandle,
        })
    }
}
```

Lambda 함수가 수신할 것으로 예상하는 형식으로 맞춰진 메시지는 SQS 서비스에서 가져온다. 메시지가 Lambda 함수로 전송되면 큐에서 삭제된다.

이 서비스는 로컬에서만 작동하므로 이미지 생성이 훨씬 간단해진다.

이미지에 대한 Dockerfile을 빌드해 보겠다:

```
# syntax=docker/dockerfile:1
FROM golang:1.17-alpine
WORKDIR /app
COPY go.mod ./
COPY go.sum ./
RUN go mod download
COPY *.go ./
RUN go build -o /main
CMD [ "/main" ]
```

다음으로 Compose 설정을 생성하겠다:

```
services:
  sqs-to-lambda:
    build:
      context: ./sqs-to-lambda/
    image: sqs-to-lambda
    environment:
      - SQS_ENDPOINT=http://sqs:9324
      - SQS_TOPIC=/000000000000/subscription-event
      - S3STORE_LAMBDA_ENDPOINT=http://s3store-
lambda:8080/2015-03-31/functions/function/invocations
    depends_on:
      - sqs
      - s3store-lambda
    env_file:
      - ./mock_crentials.env
    networks:
      aws-internal:
networks:
  aws-internal:
```

이 서비스는 내부 서비스이며 SQS만을 사용할 것이다. 이 서비스가 `s3store-lambda`에 대한 요청을 실행하므로 `s3store-lambda`에 종속성을 갖는다.

> **Note**
> 활성 Compose 세션이 있는 경우 다음 명령을 실행하기 전에 해당 세션이 중지되었는지 확인이 필요하다.

전체 애플리케이션을 실행하여 서비스들이 어떻게 상호 작용하는지 확인해 보겠다:

```
docker compose -f docker-compose.yaml -f newsletter-lambda/
docker-compose.yaml -f s3store-lambda/docker-compose.yaml -f
sqs-to-lambda/docker-compose.yaml build
docker compose -f docker-compose.yaml -f newsletter-lambda/
docker-compose.yaml -f s3store-lambda/docker-compose.yaml -f
sqs-to-lambda/docker-compose.yaml up
```

이전에 했던 것과 같은 방식으로 REST 기반 Lambda 함수를 호출해 보겠다:

```
curl -XPOST "http://localhost:8080/2015-03-31/
functions/function/invocations" -d '{"email":"john@doe.
com","topic":"Books"}'
"You have been subscribed to the Books newsletter"
```

지금쯤이면 모든 서비스의 로그를 볼 수 있을 것이다:

```
...
chapter8-newsletter-lambda-1      | START RequestId: f2dcc750-
35a1-40d8-9c54-f7c2edc3bcfe Version: $LATEST
chapter8-newsletter-lambda-1      | END RequestId: f2dcc750-
35a1-40d8-9c54-f7c2edc3bcfe
...
chapter8-sqs-to-lambda-1          | 2022/07/24 21:31:03
Dispatching 1 received messages
...
chapter8-s3store-lambda-1         | START RequestId: 7caff9abddb4-
46c7-b75f-0f726eaf2ae8 Version: $LATEST
chapter8-s3store-lambda-1         | END RequestId: 7caff9abddb4-
46c7-b75f-0f726eaf2ae8
```

이 내부 서비스를 통해 AWS가 기본으로 제공하는 기능을 시뮬레이션할 수 있었다. 처음에 우리가 가졌던 한계는 Compose 기반 솔루션으로 해결되었다. 애플리케이션의 엔트리 포인트가 되는 REST 기반 서비스는 DynamoDB에 데이터를 저장하고 SQS로 메시지를 전송할 것이다. 그런 다음 내부 서비스를 사용하여 SQS 메시지를 SQS 기반 Lambda 함수로 전송할 것이다.

8.9 요약

이 장에서는 로컬 워크스테이션에서 클라우드 기반 인프라를 원활하게 실행할 수 있었다. 우리는 AWS 서비스 DynamoDB, SQS 및 S3에 대해 동일한 모의 컴포넌트를 구성하였다. Compose 설정을 활용하여 이들을 구성하고 로컬 개발 중에 발생하는 몇 가지 제한 사항도 해결할 수 있었다. 이를 통해 실제 최종 시스템 환경과 상호 작용할 필요 없이 해당 서비스를 기반으로 코드를 개발할 수 있는 옵션을 제공하였다.

다음으로는 AWS Lambda 환경에 적합한 서비스를 구현하는 작업을 진행하였다. Compose 애플리케이션을 통해 이러한 Lambda 함수를 성공적으로 실행하는 동시에 클라우드 환경에 배포할 수 있도록 만들었다. 마지막으로 로컬 프라이빗 애플리케이션을 도입하여 AWS가 제공하는 몇 가지 기능을 시뮬레이션해 보았다. 이 장에서는 AWS 콘솔 및 실제 최종 시스템 환경과 상호 작용할 필요가 없었으므로 코드 기반 개발에 집중할 수 있었다.

다음 장에서는 이 장의 코드를 활용하여 지속적 통합 및 지속적 배포(CI/CD)에 Compose를 사용하겠다.

CHAPTER 9

고급 CI/CD 태스크 생성하기

이전 장에서는 Compose 애플리케이션을 통해 로컬에서 AWS 환경을 시뮬레이션하였다. Dynamo DB, S3, SQS와 같은 AWS 서비스 구동을 위한 모의환경을 구축해 보았다. 또한, Docker 컨테이너를 통해 Lambda 함수 호출을 시뮬레이션했고, Compose 설치에 추가 서비스를 도입하여 SQS 기반 Lambda 서비스로 향하는 트래픽을 시뮬레이션하는 해결 방법을 생각해냈다.

덕분에 AWS 콘솔과 상호 작용, AWS 인프라 제공, 클라우드 호스팅 환경의 요구사항 처리 등의 과정 없이 애플리케이션 개발에만 집중할 수 있었다. 우리는 처음부터 로컬에서 애플리케이션을 개발하고 필요한 컴포넌트를 시뮬레이션하는 데 초점을 두었다.

지금까지 애플리케이션을 개발하는 과정에서 생산성을 향상했으므로, 다음 단계는 현재 애플리케이션에 CI/CD를 도입하는 것이다. 우리는 개발 사이클을 거치는 동안 애플리케이션이 자동으로 빌드, 테스트 및 배포되기를 원할 것이다.

Lambda 기반 애플리케이션은 Compose와 선택한 CI/CD 솔루션에서 복잡한 애플리케이션을 시뮬레이션하는 것으로부터 어떤 이점을 얻을 수 있는지 보여주는 좋은 예이다. Lambda 애플리케이션을 테스트하기 위해서는 둘 이상의 컴포넌트가 작동해야 할 것이다. Compose는 선택한 CI/CD 솔루션에서 이러한 환경을 스핀업 하는 데 도움이 될 수 있다.

이 장에서는 CI/CD 솔루션에서 Docker Compose를 활성화하는 데 초점을 두겠다. CI/CD와 관련해서는 다양한 서비스와 소프트웨어 패키지가 존재할 것이다. 따라서 우리는 여러 CI/CD 솔루션을 살펴볼 것이다.

이 장에서는 다음 주제를 다룬다:

- CI/CD 소개
- GitHub Actions와 함께 Docker Compose 사용하기
- Bitbucket 파이프라인과 함께 Docker Compose 사용하기
- Travis와 함께 Docker Compose 사용하기

9.1 기술적 요구사항

이 책의 코드는 GitHub 저장소(`https://github.com/PacktPublishing/A-Developer-s-Essential-Guide-to-Docker-Compose`)에서 내려받을 수 있다. 코드에 대한 업데이트가 있으면 GitHub 저장소에도 동시에 업데이트될 것이다.

9.2 CI/CD 소개

CI/CD는 **지속적 통합 및 지속적 배포**의 약자이다. 이는 지속적 통합, 지속적 제공, 지속적 배포를 용이하게 하는 관행의 모음이다. 여기에는 애플리케이션의 빌드, 테스트 및 배포의 자동화가 포함된다. 예를 들어 Lambda 애플리케이션을 살펴보도록 한다. 이 애플리케이션은 두 개의 Lambda 기반 애플리케이션과 세 개의 서로 다른 AWS 서비스로 구성된 복잡한 환경이다.

이 사용 사례에서는 CI를 용이하게 하는 trunk-based development를 따르는 팀이 있다고 가정하고 실습을 진행하도록 할 것이다. 우리 팀은 매번 trunk-main 브랜치에 커밋을 통해 지속적 통합 작업에 기여할 것이다. 이는 수명이 짧은 기능 브랜치로 수행할 수 있다. 이러한 브랜치의 변경 사항을 trunk-master 브랜치에 병합하기 위해 pull request가 제기된다. pull request는 개발팀에서 검토해야 하며, 동시에 새로 도입된 코드를 빌드하고 테스트하는 CI/CD 자동화된 프로세스가 병합 검사의 일부로 수행되어야 할 것이다. 병합 검사를 통과하면 브랜치를 병합할 준비가 된 것이며, 컴포넌트의 배포가 이루어져야

할 것이다. 변경하려는 컴포넌트가 REST 기반 Lambda 함수이든 SQS 기반 Lambda 함수이든 관계없이, 해당 함수의 변경 사항이 코드와 해당 컴포넌트와 상호 작용하는 애플리케이션을 손상시키지 않는지 확인해야 할 것이다.

병합이 완료되면 병합한 컴포넌트를 빌드한 다음 라이브 환경으로 푸시해야 할 것이다. 라이브 환경에 코드를 배포하는 방법은 워크로드가 배포되는 위치에 따라 달라질 수 있다. 예를 들어, Lambda 함수를 배포하려면 새로운 Docker 이미지가 필요하고, 빌드한 Docker 이미지를 가리키기 위해 AWS API를 호출해야 할 것이다. 또한, AWS Lambda 함수가 사용할 수 있는 환경에 따라 추가 설정이 필요할 것이다. 향후 애플리케이션 배포를 위해 쿠버네테스로 전환하는 경우, Helm 차트를 수동으로 배포하거나 Argo CD와 같은 GitOps 솔루션을 채택할 수 있다. GitOps 솔루션은 trunk 브랜치에서 발생한 변경 사항을 폴링하고, 최신 빌드 결과물을 선택한 후, 이를 사용자의 개입 없이 라이브 환경에 배포할 것이다.

우리는 애플리케이션이 CI/CD 작업에서 Compose를 사용할 수 있기를 원할 것이다. 여기서 실전 배치의 가늠자가 될 수 있는 항목은 Lambda 함수에 배포된 Go 바이너리 또는 Docker 이미지가 될 수 있다. 또한, 향후 코드를 수정하는 경우, 다른 환경에서 다른 또 배포를 통해 이뤄질 수 있다. 따라서 배포는 무시하고 필요한 CI/CD 작업에 대한 Compose 명령의 실행을 활성화하는 데 집중할 것이다.

메인 브랜치에서 발생하는 모든 커밋에 대하여, 작동될 CI/CD 작업에서 Compose 애플리케이션을 스핀업할 것이다. 우리의 목표는 전체 Compose 애플리케이션을 CI/CD 빌드에서 실행하고 배포를 진행하기 전에 애플리케이션을 테스트하는 것이다.

우리는 CI/CD에 대한 전반적인 개요와 Lambda 기반 애플리케이션에서 달성하고자 하는 목표가 명확하고, 소스 코드가 GitHub에 호스팅되어 있으므로 GitHub Actions를 사용하여 애플리케이션에 대한 CI/CD 작업을 구현해 보도록 할 것이다.

9.3 GitHub Actions와 함께 도커 Compose 사용하기

당신의 소스코드가 GitHub에 호스팅 되어 있다면, 당신은 GitHub Actions를 잘 알고 있을 가능성이 높다. GitHub Actions는 GitHub에서 제공하는 CI/CD 플랫폼이나. GitHub

Actions를 사용하면 소스코드를 빌드하고 테스트하는 워크플로를 추가할 수 있다. 이는 각 브랜치 및 pull request에 맞게 조정하거나 사용자 지정 워크플로를 추가하고 GitHub를 통해 코드를 배포하는 데 사용할 수 있다.

첫 번째 GitHub Actions 만들기

GitHub 워크플로를 추가하려면 워크플로 지침과 함께 YAML 파일을 `.github/workflows` 디렉터리 내에 위치시켜야 할 것이다. 여러 파일을 추가할 수 있으며, 각 파일은 GitHub에서 독립적으로 실행되어야 할 것이다.

지금은 앱을 메인 브랜치에서 실행하는 데 초점을 두겠다.

우리의 워크플로(workflow) 베이스이다:

```
name: subscription-service

on:
  push:
    branches:
    - main
jobs:
  build:
    timeout-minutes: 10
    runs-on: ubuntu-latest
    steps:
    - name: Checkout
      uses: actions/checkout@v2
```

워크플로의 이름은 `subscription-serevice`이며, 메인 브랜치에 푸시가 있으면 워크플로가 실행된다.

사용할 가상 환경은 GitHub Actions에서 제공하는 `Ubuntu` 최신 버전이다. 이 환경을 사용하면 Compose가 미리 로드되어 제공된다는 이점이 있다.

그런 다음 저장소를 확인하는 단계를 추가할 것이다. 각 작업은 가상 환경의 새 인스턴스에서 수행되므로 종속성과 각 단계에서 생성되는 결과물에 대해 신경을 써야 할 것이다. 이 경우 이러한 종속성을 로드하는 데 걸리는 시간을 단축할 수 있도록 GitHub에서 캐시 메커니즘을 제공할 것이다.

빌드된 이미지 캐싱

이미지 빌드는 시간이 오래 걸릴 수 있다. 가능한 한 빠르고 원활하게 작업하기를 원하기 때문에 CI/CD에서는 이러한 문제를 피하려 할 것이다.

장기 실행 작업은 자동화 프로세스에 부정적인 영향을 미칠 수 있다:

- 작업이 시간 초과되어 호출할 수 없어질 수 있다.
- 개발 프로세스가 느려진다.
- CI/CD는 개발자에게 불편한 일이 된다.

따라서 우리는 GitHub Actions에서 제공하는 캐싱 기능을 사용할 것이다:

```
...
    - name: Cache Local Images
      id: local-images
      uses: actions/cache@v3
      with:
        path: /var/lib/docker/
        key: local-docker-directory
...
```

이 단계를 추가하면 /var/lib/docker 디렉터리를 캐시 하도록 actions에 지시할 것이다. 이 디렉토리는 이미지가 저장되는 디렉토리이다. 이렇게 하면 이 디렉토리와 상호작용하는 단계에서 content-generated 캐시를 갖게 되므로, 다음 작업은 이전 단계에서 이미 다운로드한 생성물를 가져올 수 있다.

애플리케이션 이미지 구축

이제 다음 단계인 애플리케이션 이미지를 빌드할 준비가 되었다. 4장, 'Docker Compose 명령어 실행하기'에서 살펴본 것처럼, Compose 명령어를 사용하여 애플리케이션 이미지를 빌드할 수 있다.

작업 단계는 다음과 같아야 한다:

```
...
    - name: Build Images
      working-directory: ./Chapter8
      run: |
        docker compose -f docker-compose.yaml -f newsletterlambda/
docker-compose.yaml -f s3store-lambda/docker-compose.
yaml -f sqs-to-lambda/docker-compose.yaml build
...
```

8장, '로컬에서 최종 시스템 시뮬레이션하기'에서 개발한 애플리케이션에 초점을 맞췄으므로 작업 디렉터리를 해당 디렉터리로 바꿔줘야 할 것이다. 여기서는 Chapter8 디렉터리를 가리키는 작업 디렉터리 섹션을 사용할 것이다.

실행 섹션에서는 이전에 사용한 빌드 명령을 지정할 것이다. 이것은 선택한 가상 환경을 통해 사용할 수 있는 모든 bash 명령일 수 있다.

이 작업의 결과는 빌드할 애플리케이션의 Docker 이미지가 된다.

이미지를 구축했으므로 이제 애플리케이션에 대한 기술 검증 테스트를 진행할 준비가 되었다.

Compose 애플리케이션 테스트

이제 기술 검증 테스트가 될 다음 Compose 단계를 추가할 차례이다. 전체 Compose 애플리케이션을 스핀업 한 다음 앞서 했던 것처럼 curl 명령을 실행하고 결과를 확인할 것이다.

추가할 단계는 다음과 같다:

```
...
    - name: Test application
      working-directory: ./Chapter8
      run: |
        docker compose -f docker-compose.yaml -f newsletterlambda/
docker-compose.yaml -f s3store-lambda/docker-compose.
yaml -f sqs-to-lambda/docker-compose.yaml up -d
        sleep 20
        curl -XPOST "http://localhost:8080/2015-03-31/
```

```
functions/function/invocations" -d '{"email":"john@doe.
com","topic":"Books"}'
        sleep 20
        docker compose logs --tail="all"
...
```

Chapter8을 작업 디렉토리로 설정할 것이다. 그런 다음 데몬 모드에서 Compose 애플리케이션을 실행할 것이다. 데몬 모드는 애플리케이션이 실행되는 동안 터미널 세션을 계속 사용할 수 있는 기능을 제공할 것이다.

20초 동안 대기(sleeping)하면 모든 서비스가 실행 중인지 확인할 수 있다. 그런 다음 `curl` 명령이 진입점 역할을 하는 Lambda 함수를 호출할 것이다.

작업은 비동기 방식이므로 몇 초 정도 기다려야할 것이다.

명령이 성공하면 Compose logs 명령을 `-tail` 옵션과 함께 사용하여 로그를 확인할 수 있다.

전반적인 Compose 애플리케이션을 파이프라인에서 실행할 수 있었다. 또한 테스트도 실행할 수 있었다. 이렇게 하면 Compose를 사용하여 CI/CD에서 최종 시스템과 유사한 인프라를 시뮬레이션하고 상호 작용하며, 개발 과정에서 자동화된 검사를 적용할 수 있으므로 자동화 작업의 효율성이 높아질 것이다. 앞으로는 Bitbucket 파이프라인에서도 동일한 작업을 구현할 예정이다.

9.4 Bitbucket 파이프라인과 함께 도커 Compose 사용하기

Bitbucket 파이프라인은 Bitbucket에서 호스팅되는 리포지토리를 위한 CI/CD 솔루션이다. CI/CD를 위해 외부 솔루션을 사용하는 대신 Bitbucket에서 리포지토리를 호스팅하면, Bitbucket 파이프라인을 쉽게 사용할 수 있고 원활하게 통합되므로 매우 유용할 것이다. 이전 GitHub Actions의 사례와 마찬가지로 동일한 프로세스를 따르겠다.

첫 번째 Bitbucket 파이프라인 만들기

Bitbucket 파이프라인을 사용하려면, 프로젝트의 루트 디렉터리에 bitbucket-pipelines. yml 파일을 생성해야 할 것이다. 그런 다음 설정을 통해 리포지토리에서 파이프라인을 활성화할 수 있다:

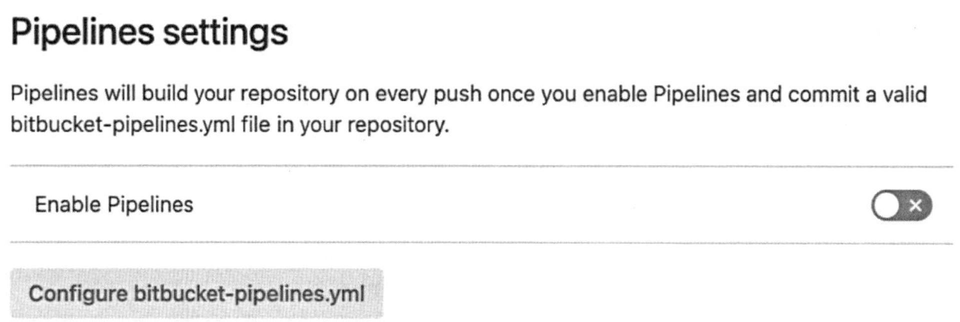

그림 9.1 – 활성화된 Bitbucket 파이프라인

파이프라인이 활성화되면 Bitbucket은 bitbucket-pipelines.yml 파일에 지정된 명령을 실행할 것이다.

bitbucket-pipelines.yml은 다음과 같다:

```
image: atlassian/default-image:3

options:
  docker: true

definitions:
  caches:
    compose: ~/.docker/cli-plugins

pipelines:
  default:
    - step:
        name: "Install Compose"
        caches:
          - compose
        script:
```

```
        - mkdir -p ~/.docker/cli-plugins/
        - curl -SL https://github.com/docker/compose/
releases/download/v2.2.3/docker-compose-linux-x86_64 -o
~/.docker/cli-plugins/docker-compose
        - chmod +x ~/.docker/cli-plugins/docker-compose
        - docker compose version
```

이미지 섹션에서는 CI/CD 작업을 실행하는 동안 사용해야 하는 Docker 이미지를 지정할 것이다. `atlassian/default-image:3` 이미지는 우분투 20.04 LTS에 더 특화된 Linux 배포판을 기반으로 할 것이다. 기본적으로 이 이미지에는 Compose가 지원되지 않으므로 Linux 환경에서 Compose를 설치해야 할 것이다. Linux 배포판에 Compose를 설치하기 위해 1장, 'Docker Compose 소개'에서 수행한 것과 동일한 단계를 따른다.

또한, 파이프라인에서 볼 수 있듯이 Docker 서비스를 활성화할 것이다. 이는 Docker 데몬에 대한 액세스를 활성화하여 Docker 명령을 통해 상호 작용할 수 있도록 하는 데 매우 중요할 것이다. 이러한 옵션을 통해 Docker 서비스를 활성화하면, 모든 파이프라인 단계에서 해당 Docker 기능을 활성화할 수 있다.

Compose 및 Docker 이미지 캐싱

첫 번째 단계는 사용된 Docker 이미지에 Compose에 대한 지원을 추가하는 것이었다. 모든 단계에서 새로운 Docker 컨테이너가 생성되므로 각 파이프라인 단계마다 동일한 명령을 실행해야 할 것이다. 이를 방지하기 위해 Docker 플러그인 디렉토리를 캐시할 것이다. 다음 단계가 진행되면, 디렉터리와 그 내용이 캐시를 통해 존재하므로 Compose를 사용할 수 있다.

따라서 캐시 섹션에서 한 일은 디렉터리를 가리키는 Bitbucket 파이프라인에 대한 사용자 지정 캐시를 추가하는 것이다.

이 방법은 현재 파이프라인에 대한 해결 방법이지만, Compose 설치 명령이 실행되는 `atlassian/default-image:3`을 기반으로 이미지를 빌드하는 더 효율적인 해결 방법이 있다는 점을 기억하세요.

사용자 정의 캐시를 만드는 대신 기존 도구를 사용할 수 있다. Bitbucket에는 다양한 캐시가 미리 정의되어 있으며, 그 중 하나가 Docker용 캐시이다. 파이프라인 단계에서 Docker 캐싱을 사용하도록 설정하면, 이미 다운로드된 이미지와 빌드된 이미지가 캐시되어 다음 단계에서 사용할 준비가 되었는지 확인할 수 있다.

각 단계에서 사용할 캐시는 캐시 섹션을 사용하여 지정한다:

```
...
    - step:
        name: "Hello world"
        caches:
          - docker
        script:
          - docker run --rm hello-world
...
```

이 경우 hello-world에 대한 이미지가 다운로드되어 캐시된다.

Compose와 Docker에 캐싱을 활성화하면, 각 단계에 필요한 종속성을 검색할 필요없이 파이프라인 단계의 프로세스를 가속화할 수 있다. 따라서 다음 단계인 이미지 빌드를 진행할 것이다.

애플리케이션 이미지 구축

이제 Bitbucket 파이프라인 환경에서 Compose 명령을 실행할 수 있게 되었다. 이제 Compose 명령을 사용하여 Compose 애플리케이션과 상호 작용할 수 있다.

파이프라인에 이미지를 빌드하는 단계를 추가하겠다:

```
...
    - step:
        name: "Chapter 8 Build Images"
        caches:
          - docker
          - compose
        script:
          - cd Chapter8
          - docker compose -f docker-compose.yaml -f
newsletter-lambda/docker-compose.yaml -f s3store-lambda/docker-
compose.yaml -f sqs-to-lambda/docker-compose.yaml build
...
```

수동으로 디렉터리로 전환하고 동일한 빌드 명령을 실행했기 때문에 이전 GitHub Actions 예제와 큰 차이는 없다.

보다시피, docker 및 compose 캐시가 활성화되어 있다. 따라서 Compose를 다시 설치할 필요가 없다. 또한 빌드한 이미지는 다음 파이프라인 단계에서 사용할 수 있다. 이미지가 빌드되었으므로 애플리케이션에 대한 테스트를 진행할 수 있다.

Compose 애플리케이션 테스트

이미지가 빌드되었으므로 이제 앞에서와 같이 Compose 애플리케이션을 테스트할 수 있다.

애플리케이션을 테스트하는 단계는 다음과 같다:

```
...
    - step:
        name: "Chatper 8 Test Application"
        caches:
          - docker
          - compose
        script:
          - cd Chapter8
          - docker compose -f docker-compose.yaml -f 
newsletter-lambda/docker-compose.yaml -f s3store-lambda/docker-
compose.yaml -f sqs-to-lambda/docker-compose.yaml up -d
          - sleep 20
          - curl -XPOST "http://localhost:8080/2015-03-31/
functions/function/invocations" -d '{"email":"john@doe.
com","topic":"Books"}'
          - sleep 20
          - docker compose logs --tail="all"
...
```

GitHub Actions와 동일한 결과를 얻을 수 있다. Docker Compose는 Bitbucket 파이프라인에 설정된다. 이를 통해 Compose에서 보다 활용도 높은 고급 CI/CD 작업을 진행할 수 있다. 이제 이 로직을 또 다른 대중적인 CI/CD 서비스인 Travis CI에서 구현해 보도록 한다.

9.5 Travis와 함께 도커 Compose 사용하기

Travis는 YAML 기반 CI/CD 솔루션이다. 소스 코드 호스팅을 제공하지만 GitHub와 매우 잘 통합되어 있다. Travis는 오픈소스 프로젝트를 위한 무료 CI/CD를 제공하기 때문에 Travis를 사용하는 오픈소스 프로젝트에서 작업하는 것은 흔한 일이다. 이전 CI/CD 서비스에서 수행한 것과 동일한 단계가 Travis에도 적용된다.

첫 Travis 작업 만들기

Travis는 앞서 살펴본 CI/CD 도구와 마찬가지로 YAML 기반이다. Travis와 GitHub 프로젝트를 통합한 후에는, 프로젝트의 루트 위치에 작업 지침이 포함된 `.travis.yml`이라는 파일이 있어야할 것이다.

`.travis.yml`은 다음과 같다:

```
services:
  - docker

cache:
  directories:
    - $HOME/.docker/cli-plugins

jobs:
  include:
    - stage: "Install Compose"
      script:
      - mkdir -p /home/travis/.docker/cli-plugins/
      - curl -SL https://github.com/docker/compose/releases/
download/v2.2.3/docker-compose-linux-x86_64 -o ~/.docker/cli-
plugins/docker-compose
      - chmod +x ~/.docker/cli-plugins/docker-compose
      - docker compose version
```

작업 특성은 익숙할 것이다. Bitbucket 파이프라인에서 했던 것처럼, 여기에서도 Linux 배포용 Compose 바이너리를 설치하였다. 따라서 이 단계를 캐싱하는 것은 이전과 마찬가지로 필수적이다.

Compose 캐싱

Travis에는 캐싱 기능이 있다. 보다시피, Compose가 설치된 디렉터리를 캐시하였다. 캐시를 지정하면 설정에 포함된 모든 작업에 적용된다.

Travis 기술 문서에 따르면 Travis CI는 Docker 이미지의 캐싱을 권장하지 않는다. 따라서 이 방향으로 진행하지 않을 것이다. 그러나 캐싱이 필요한 경우, 캐시된 디렉터리를 통해 이미지를 저장하고 로드하여 특정 이미지를 캐시할 수 있다.

애플리케이션 이미지 구축

이제 Travis에서 Compose 명령을 실행할 수 있으므로, 이미지 빌드를 진행할 수 있다. 다음은 이미지를 빌드하는 작업이다:

```
...
    - stage: "Build Images"
      script:
      - cd Chapter8
      - docker compose -f docker-compose.yaml -f newsletter-
lambda/docker-compose.yaml -f s3store-lambda/docker-compose.
yaml -f sqs-to-lambda/docker-compose.yaml build
...
```

작업이 성공했으므로 다음 단계는 애플리케이션을 테스트하는 것이다.

Compose 애플리케이션 테스트

테스트 단계는 사용된 구문을 제외하고는 앞서 구현한 것과 큰 차이가 없다.

테스트 섹션은 다음과 같다:

```
...
    - stage: "Test application"
      script:
         - cd Chapter8
         - docker compose -f docker-compose.yaml -f newsletter-
lambda/docker-compose.yaml -f s3store-lambda/docker-compose.
yaml -f sqs-to-lambda/docker-compose.yaml up -d
         - sleep 20
```

```
        - curl -XPOST "http://localhost:8080/2015-03-31/
functions/function/invocations" -d '{"email":"john@doe.
com","topic":"Books"}'
        - sleep 20
        - docker compose logs --tail="all"
...
```

예상대로 이미지가 성공적으로 빌드 및 테스트 되었다. 따라서 여러 CI/CD 서비스에서 Compose를 사용하고 자동화 파이프라인을 향상시킬 수 있게 되었다.

9.6 요약

Compose의 기능을 활용한 CI/CD 작업을 실행할 수 있었다. 이렇게 하면 복잡한 최종 시스템 환경을 CI/CD를 통해 시뮬레이션할 수 있으므로 코드를 매끄럽게 통합하고 충분한 병합 검사를 수행할 수 있다.

다음 장에서는 Compose를 사용하여 원격 호스트에 배포하는 방법을 살펴보도록 한다.

Part

3

도커 Compose를 이용한 전개

3부에서는 제품 전개에서 도커 Compose로부터 혜택을 받는 방법에 대해 초점을 맞춘다. AWS나 Azure와 같은 퍼블릭 클라우드 상에 인프라구조가 프로비전이 되고 Compose 전개가 그 인프라구조 위에 전개가 된다. 마지막으로, Compose 부하를 쿠버네티스 오케스트레이션 엔진으로 이동하는 방법을 살펴본다.

다음의 장들은 이 부분에서 커버가 된다.

- 10장 원격 호스트를 이용한 도커 Compose 전개
- 11장 AWS에 대한 도커 Compose 전개
- 12장 도커 Compose의 Azure에 대한 전개
- 13장 Compose를 이용한 쿠버네티스 구성으로의 이동

CHAPTER 10

원격 호스트를 이용한 도커 Compose 전개

앞의 장에서는 도커 Compose를 이용해 CI/CD 태스크를 생성하였다. 또한 제안한 시나리오와 관련하여 사용하고 활용할 수 있는 다양한 환경들을 생성하였다.

이 장에서는 도커 응용을 원격 호스트에 전개하는 방법에 초점을 맞춘다. 응용을 개발하는 동안 사용자의 응용을 다른 호스트에 전개하고 싶어하지 않는 여러 가지 이유가 존재한다. 응용이 자원-집중적일 수 있고, 진척 상황을 동료나 그 호스트와 공유하기를 원할 수도 있고, 전개하려는 응용이 사용자 워크스테이션이 접근하지 못하는 네트워크를 통해 자원에 접근해야 할 수도 있다. 원격 호스트는 도커 응용을 다른 워크스테이션에 전개하도록 해서 외부적인 가용성을 제공해주므로 이러한 이슈들에 대한 솔루션이 될 수 있다.

이 장에서는 다음의 토픽들을 다룬다.

- 도커 원격 호스트
- 원격 도커 호스트 생성
- 도커 문맥
- 도커 호스트에 대한 Compose 전개
- 사용자 IDE를 통한 원격 호스트 전개 실행

10.1 기술적 요구사항

이 책의 코드는 다음의 GitHub 저장소 `https://github.com/PacktPublishing/A-Developer-s-Essential-Guide-to-Docker-Compose`에서 구할 수 있다. 이 코드에 변경이 생기면 GitHub 저장소에 반영될 것이다.

10.2 도커 원격 호스트

한 머신에서 지역적으로 실행되는 응용을 일반적인 활용을 위해 클라우드에 위치된 Linux 머신을 통해 다른 개인이 접근할 수 있기를 원할 수 있다. 이 응용이 도커 Compose를 기반으로 한다면 그 응용은 쉘 명령어를 통해 VM에게 수작업으로 전개될 수 있다. 그러나 이 응용을 목표 VM에 전개할 수 있는 보다 부드러운 방법이 존재한다. 서버에 도커가 설치되어 있다면 그 서버는 도커 호스트가 될 수 있다. 도커가 설치되어 있고 그 머신에 대한 접근이 설정이 되어 있다면, 도커는 사용자에게 다른 머신의 도커 기능을 사용할 수 있는 능력을 제공한다.

원격 호스트의 사례는 Windows와 macOS상의 도커 설치이다. 이들 모두 도커 실행을 위해 Linux VM을 요구한다. Linux VM은 도커 CLI가 상호작용을 위해 사용하는 원격 호스트이다.

이제 원격 호스트를 생성하는 방법을 살펴보자.

10.3 원격 도커 호스트 생성

도커 호스트를 생성하려면 Linux 머신이 필요하다. 이는 Linux 배포판을 실행하는 여분의 랩탑 또는 여분의 VM이 될 수 있다. 프로비전 명령어는 1장의 도커 Compose 개요에서 사용한 명령어들과 동일하다. 여분의 Linux 워크스테이션이 없을 수도 있으므로 AWS EC2를 이용해 도커 호스트를 생성하기로 한다.

AWS EC2상의 도커 호스트 생성

이 절에서는 AWS상에 EC2를 이용하여 머신을 스핀업한다. 이 인스턴스가 원격 호스트가 된다. 이 단계는 다른 Linux-기반의 서버에도 적용되므로 사용자가 Linux 워크스테이션을 보유한 경우 EC2 부분은 생략할 수 있다. AWS 콘솔의 IAM 섹션으로 이동을 해서 키와 시크릿을 검색해야 한다. 이 키와 시크릿은 EC2 머신을 프로비전할 수 있는 사용자에게 속할 필요가 있다.

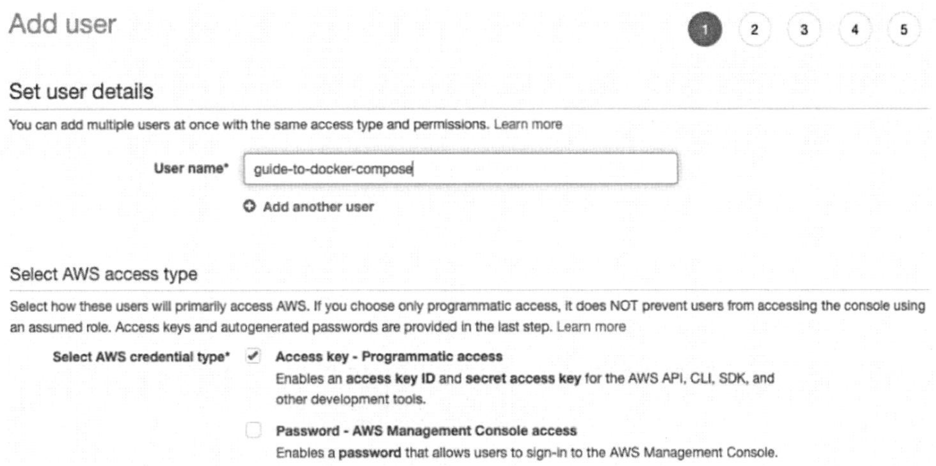

그림 10.1 – AWS 사용자

인증정보를 검색하고 나면, 선택한 리전에 대한 디폴트 VPC를 찾기 위해 VPC 섹션으로 진행할 수 있다.

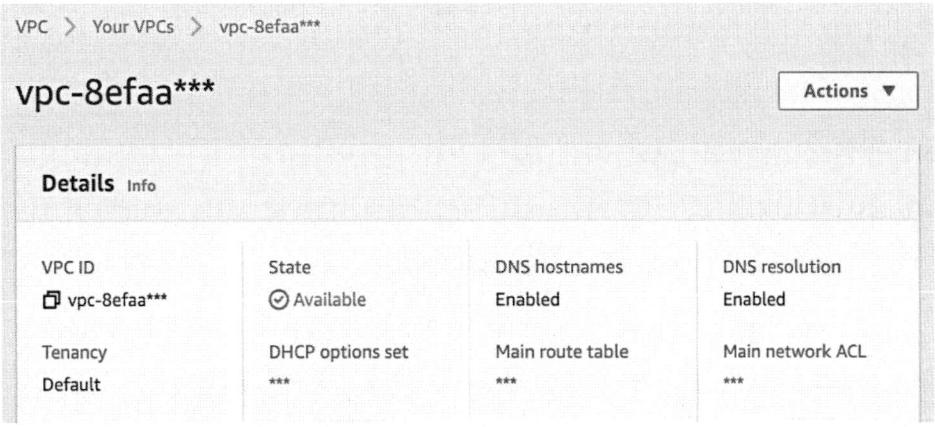

그림 10.2 – VPC 네트워크

추후 사용을 위해 그 VPC ID를 복사한다.

EC2 프로비저닝의 처리를 위해 Terraform을 사용한다.

Terraform의 설치

Terraform은 현대적 IaC(Infrastructure as Code) 솔루션이다. 클라우드 상의 인프라구조와 자원을 선언적 구성 언어를 이용하여 정의할 수 있다.

Terraform을 사용자 시스템에 설치하려면 공식 문서(https://learn.hashicorp.com/tutorials/terraform/install-cli)에 있는 명령어들을 따르면 된다.

Terraform 바이너리가 명령어 라인에 준비가 되면 다음과 같이 버전을 체크한다.

```
$ terraform version
Terraform v1.2.3
on darwin_arm64
```

Terraform은 사용자 인프라구조를 프로비전하고 Terraform 상태에 변경사항들을 추적한다. Terraform 상태는 지역 파일, 다른 클라우드 제공자의 동등한 blob 솔루션과 함께 AWS S3에 호스트된 파일일 수 있고, 또는 사용자가 그에 대한 플러그인을 생성한 경우 커스터마이즈될 수 있다. 예를 들어, 사용자가 플러그인을 개발할 경우 RavenDB와 같은 데이터베이스에 상태를 저장하는 것도 가능하다. 여기서는 상태 저장을 위해 지역 파일시스템을 사용할 것이다.

Terraform을 실행하는 경우 클라우드 제공자를 선택해서 필요한 바이너리를 다운로드한다. 예를 들어, Terraform을 이용해서 AWS에 대한 코드를 프로비전하는 경우, Terraform은 사용자가 별도의 설치 작업을 할 필요가 없이 AWS 플러그인을 다운로드할 것이다.

SSH 활성화 상태로 EC2 머신 설정

목표는 SSH를 이용해 로그인을 할 수 있는 EC2 인스턴스를 설정하는 것이다. 이 인스턴스에는 도커와 도커 Compose를 설치할 필요가 있다.

이 머신이 사용자 워크스테이션 IP로부터만 접근 가능하기를 바랄 수 있다. 따라서 인프라구조를 프로비저닝할 때 사용자 IP를 제공해야 한다. 또한 이 EC2 머신은 가상 프라이빗 네트워크 안에 포함된다. 여기서는 디폴트 VPC를 사용하기를 원한다. 이를 위해 앞에서 미리 복사한 디폴트 VPC의 ID를 사용할 것이다.

IP와 VPC ID를 변수로 명세하여 인프라구조를 프로비전할 때 이들을 사용할 수 있도록 한다.

```
variable "myvpc" {
}
variable "myip" {
}
```

이제, EC2 머신에 대해 사용할 SSH 키를 생성한다.

키가 생성이 되고 나면, 그 프라이빗 키는 OpenSSH 인증 에이전트에 추가되어야 한다.

키를 생성하고 OpenSSH 인증 에이전트에 추가하기 위한 명령어는 다음과 같다.

```
// Chapter10/generate-key.sh
$ ssh-keygen -t rsa -b 2048 -f $(pwd)/ssh.key -N ""
$ ssh-add ssh.key
```

기존 키를 이용해 EC2 머신을 프로비전하기 위해 EC2 인스턴스를 프로비전하기 전에 이 단계를 실행할 필요가 있다. 또한, 이 키를 SSH 인증 에이전트에 추가함으로써 프로비저닝하는 서버에 연결하는 과정을 효율적으로 처리할 수 있다.

다음 단계는 인프라구조를 정의하는 것이다. 그 머신에 SSH를 사용할 것이므로, 사용자 워크스테이션으로부터 그 인스턴스로의 입구를 허용하기 위한 보안 그룹을 필요로 한다.

이에 대한 입구 규칙은 다음과 같다.

```
resource "aws_security_group" "remote_docker_host_security_
group" {
  ...
  ingress {
    description      = "SSH from workstation"
    from_port        = 22
    to_port          = 22
    protocol         = "tcp"
    cidr_blocks      = ["${var.myip}/32"]
  }
```

```
    ...
}
```

여기서 알 수 있는 것처럼, 앞서 명세한 IP 변수를 사용한다.

출구도 활성화할 필요가 있다. 그 머신에 대한 또다른 원격 호스트를 가질 수 있다면 외부 도커 레지스트리와 상호 작용할 필요가 있다.

```
resource "aws_security_group" "remote_docker_host_security_
group" {
  ...
  egress = [
    {
      cidr_blocks         = [ "0.0.0.0/0", ]
      description         = ""
      from_port           = 0
      ipv6_cidr_blocks    = []
      prefix_list_ids     = []
      protocol            = "-1"
      security_groups     = []
      self                = false
      to_port             = 0
    }
  ]
  ...
}
```

키를 생성하면 AWS는 그 퍼블릭 키를 자원으로 업로드하는 옵션을 제공한다. 이는 이 절차를 좀 더 진행되는 일련의 과정을 포함하도록 할 수 있고 SSH 키를 도커 호스트로 작동하게 될 여러 머신들에게 추가할 수 있다.

SSH 키 자원은 다음과 같다.

```
resource "aws_key_pair" "docker_remote_host_key" {
  key_name = "docker-remote-host-key"
  public_key = file("${path.module}/ssh.key.pub")
}
```

EC2 머신이 생성되고 앞에서 생성한 키를 사용하게 될 것이다.

마지막으로, EC2 인스턴스를 생성해야 한다.

```
resource "aws_instance" "remote_docker_host" {
  ami = "ami-078a289ddf4b09ae0"
  instance_type = "t2.micro"

  key_name = aws_key_pair.docker_remote_host_key.key_name


  vpc_security_group_ids = [
    aws_security_group.remote_docker_host_security_group.id
   ]
 }
```

이 EC2 인스턴스는 프로비전이 된다. 이 머신은 사용자 워크스테이션으로부터의 트래픽을 허용하게 되고 외부로부터 접근을 할 수 있다.

그러나, 이를 위해서는 실행되는 머신 상에 도커가 설치될 것을 요구한다. 이 대신에 EC2 머신의 user-data 기능을 사용할 수 있다. user-data는 EC2 머신이 프로비전이 되고 나면 실행할 수 있는 스크립트이다.

이 기능을 이용하면, EC2 머신상에 도커 Compose를 설정할 수 있다.

```
resource "aws_instance" "remote_docker_host" {
...
  user_data = <<-EOF
    #!/bin/bash
    yum install docker -y
    usermod -aG docker ec2-user
    systemctl start docker
    su ec2-user
    mkdir -p /home/ec2-user/.docker/cli-plugins
    curl -SL https://github.com/docker/compose/releases/
download/v2.2.3/docker-compose-linux-x86_64 -o /home/ec2-user/.
docker/cli-plugins/docker-compose
    chmod +x /home/ec2-user/.docker/cli-plugins/docker-compose
  EOF
```

```
...
}
```

앞의 명령어들은 1장의 도커 Compose 개요에서 실행한 것들이라서 사용자에게는 이미 친숙하게 보일 것이다. Red Hat-기반의 VM 이미지를 선택한 상태라서 yum을 사용하였다.

이 머신에 연결할 것이라서 EC2 머신의 IP 주소를 프린트한다.

```
output "instance_ip" {
  description  = "Remote host ip"
  value        = aws_instance.remote_docker_host.public_ip
}
```

이제, 인프라구조를 프로비전하기 위해 필요한 모든 것을 가지게 되었다.

필요한 Terraform 명령어를 실행하기 위해, AWS_ACCESS_KEY_ID와 AWS_SECRET_ACCESS_KEY 환경 변수를 통해 AWS에 필요한 인증정보를 전달할 수 있다. 또한 AWS_REGION을 통해 동작할 리전을 명세할 수 있다. 이 변수들은 Terraform 명령어로 반출되거나 직접 전달될 수 있다. 또한 인증정보 파일과 aws-cli를 구성할 때 생성된 구성 정보를 이용해 이들을 간접적으로 사용할 수도 있다.

첫 번째로, Terraform을 초기화한다.

```
AWS_ACCESS_KEY_ID=key-id AWS_SECRET_ACCESS_KEY=access-key AWS_
REGION="eu-west-2" terraform init
```

이는 사용자 상태를 파일로 제공할 것이다.

이제, 다음의 명령을 실행한다.

```
AWS_ACCESS_KEY_ID=*** AWS_SECRET_ACCESS_KEY=*** AWS_REGION="eu-
west-2" terraform apply -var myip=51.241.***.182 -var
myvpc=vpc-a8d1b***
```

이렇게 함으로써 인프라구조가 프로비전이 될 것이다. 출력을 기반으로 SSH에 필요한 IP를 얻게 될 것이다.

```
instance_ip = "18.133.27.148"
```

이제, 앞서 생성한 키를 사용하여 SSH를 수행하고 도커 Compose가 존재하는 지를 검사한다.

```
$ ssh ec2-user@18.130.80.179
[ec2-user@ip-172-31-37-105 ~]$ docker compose version
Docker Compose version v2.2.3
```

기대한 것처럼, 사용자 데이터 스크립트가 성공적으로 실행이 된다. 또한 키가 설정이 된 상태이므로 인스턴스에 대한 ssh도 실행이 된다.

원격 도커 호스트의 사용

이제 원격 호스트가 가용 상태이므로 그 호스트를 이용해 도커 명령어를 실행하는 방법을 살펴보기로 하자.

이 호스트를 이용하여 Redis를 실행시켜 보기로 한다.

```
DOCKER_HOST="ssh://ec2-user@18.130.80.179" docker run -it --rm
redis
```

EC2 인스턴스로 로그인하여 도커 ps를 실행하면 이 머신에서 redis가 실행중임을 알 수 있다.

```
$ ssh ec2-user@18.130.80.179 docker ps
CONTAINER ID   IMAGE      COMMAND                  CREATED
STATUS         PORTS        NAMES
e44e3bd3a41d   redis      "docker-entrypoint.s…"   10 seconds
ago    Up 9 seconds    6379/tcp     nifty_aryabhata
```

도커 원격 호스트를 생성함으로써 사용자의 지역 워크스테이션을 사용하여 그 호스트 상에 도커 컨테이너를 생성할 수 있다. 하나 이상의 호스트를 사용할 수 있게 되어 이는 새로운 가능성을 열어준다. 호스트들을 관리하는 것은 필요하다. 그러므로, 다음 절에서는 도커 문맥을 이용하여 이를 달성하는 방법을 배울 것이다.

10.4 도커 문맥

사용자가 사용하는 각 명령어에서 호스트를 사용하는 일은 중복적이고 에러 발생 가능성이 높다. 예를 들어, 명령어 실행시 호스트 명세를 누락하거나 지역 호스트에서 다른 명령어를 실행하거나 해서 다른 호스트에 도달하는 전개에 실패할 수 있다.

이러한 경우, 도커 문맥이 도움이 될 것이다.

문맥을 생성해서 도커 구성을 다중 문맥으로 전환할 수 있고 경우별로 올바른 문맥을 선택할 수 있다.

그러므로, EC2 호스트에 대한 문맥을 다음과 같이 생성한다.

```
$ docker context create ec2-remote --docker host=ssh://
ec2-user@18.130.80.179
```

문맥을 생성하기는 하였으나 아직 디폴트 문맥 상태이다. 최근 생성한 문맥으로 전환을 해보기로 하자.

```
$ docker context use ec2-remote
```

다음의 명령을 실행한다.

```
$ docker run -it --rm redis
```

결과를 서버 상에서 체크한다.

```
ssh ec2-user@18.130.80.179 docker ps
CONTAINER ID   IMAGE        COMMAND                       CREATED
STATUS          PORTS         NAMES
1b5b0459bf48   redis        "docker-entrypoint.s…"  15 seconds
ago    Up 13 seconds   6379/tcp      peaceful_feynman
```

그러나, 이 명령을 서버 상에서 실행할 필요는 없다. EC2-remote 문맥을 사용한 덕분에 지역적으로 도커 ps 명령을 사용할 수 있고 결과는 동일하다. 문맥은 다시 문맥을 스위칭

할 때까지 유효하다.

```
$ docker ps
CONTAINER ID    IMAGE       COMMAND                        CREATED
STATUS          PORTS         NAMES
1b5b0459bf48    redis       "docker-entrypoint.s…"    3 minutes ago
Up 3 minutes    6379/tcp    peaceful_feynman
```

도커 문맥을 활성화함으로써 도커 Compose를 원격 호스트에서 사용할 수 있다.

10.5 도커 호스트에 대한 Compose 전개

앞서 실행한 Redis 예제를 Compose 파일로 이동시켜보자.

```
services:
  redis:
    image: redis
```

다음의 명령은 상이한 IP가 EC2 인스턴스에 할당될 것이므로 DOCKER_HOST 변수에 대해 조정되어야 할 것이다. 결과는 다른 호스트 상에서 동일할 것이다.

```
$ DOCKER_HOST="ssh://ec2-user@18.130.80.179" docker compose up
[+] Running 2/2
 Network chapter10_default      Created
0.1s
 Container chapter10-redis-1    Created
0.1s
Attaching to chapter10-redis-1
chapter10-redis-1  | 1:C 22 Jun 2022 22:50:52.725 #
oO0OoO0OoO0Oo Redis is starting oO0OoO0OoO0Oo
```

호스트를 체크하면 Redis 인스턴스가 실행중임을 확인할 수 있다.

방금 도커 문맥을 사용하였으므로 호스트를 명세할 필요가 없다. DOCKER_HOST 환경 없이 한번 더 시도를 해보기로 하자.

```
$ docker context use ec2-remote
$ docker compose up
[+] Running 2/2
...
```

여기서는 EC2 머신 상의 원격 호스트를 이용하여 응용을 실행한다. 이제 프로비전한 인프라구조를 정리하고 비용을 최소화할 필요가 있다. AWS 콘솔을 통해 인프라구조를 수동으로 제거할 수 있으나, Terraform을 이용해 인프라구조를 프로비전하였으므로 여기서 제공하는 destroy 명령을 이용할 수 있다.

인프라구조를 정리해보자.

```
AWS_ACCESS_KEY_ID=*** AWS_SECRET_ACCESS_KEY=*** AWS_REGION="eu-
west-2" terraform destroy -var myip=51.241.***.182 -var
myvpc=vpc-a8d1b***
```

지금까지 설명한 유즈 케이스는 군건한 개발자 경험을 제공할 수 있다. 필요한 코드를 개발하고 환경을 프로비전하면 Compose를 이용해 전개할 수 있고 그 응용을 원격 호스트로 전개해서 다른 사용자들이 접근하도록 만들 수 있다. 다음 단계는 도커 호스트를 직접 사용자 IDE로부터 전개하는 개발 노력을 강화하는 것이다.

10.6 사용자 IDE를 통한 원격 호스트 전개 실행

응용을 개발할 경우, **통합 개발 환경**(IDE: integrated development environment)은 사용자의 생산성을 높여주는데 중요한 역할을 한다. Compose를 이용하면 환경을 전개하고 시뮬레이션할 수 있으며, 이것이 Compose가 오늘날 일상적인 개발 작업의 일부가 된 이유이다. 이 절에서는 IDE와 Compose의 활용을 결합할 것이다.

이 절에서는 IntelliJ IDEA Ultimate Edition(`https://www.jetbrains.com/idea/download/#section=mac`)을 IDE로 사용하기로 한다. Ultimate Edition은 무료 사용 옵션을 가지고 있다.

도커 호스트를 구성하기로 하자. 우선, **Preferences** 섹션으로 가서 **Build, Execution,**

Deployment, Docker 섹션으로 이동한다. 이제, 새로운 도커 구성이 추가될 수 있다.

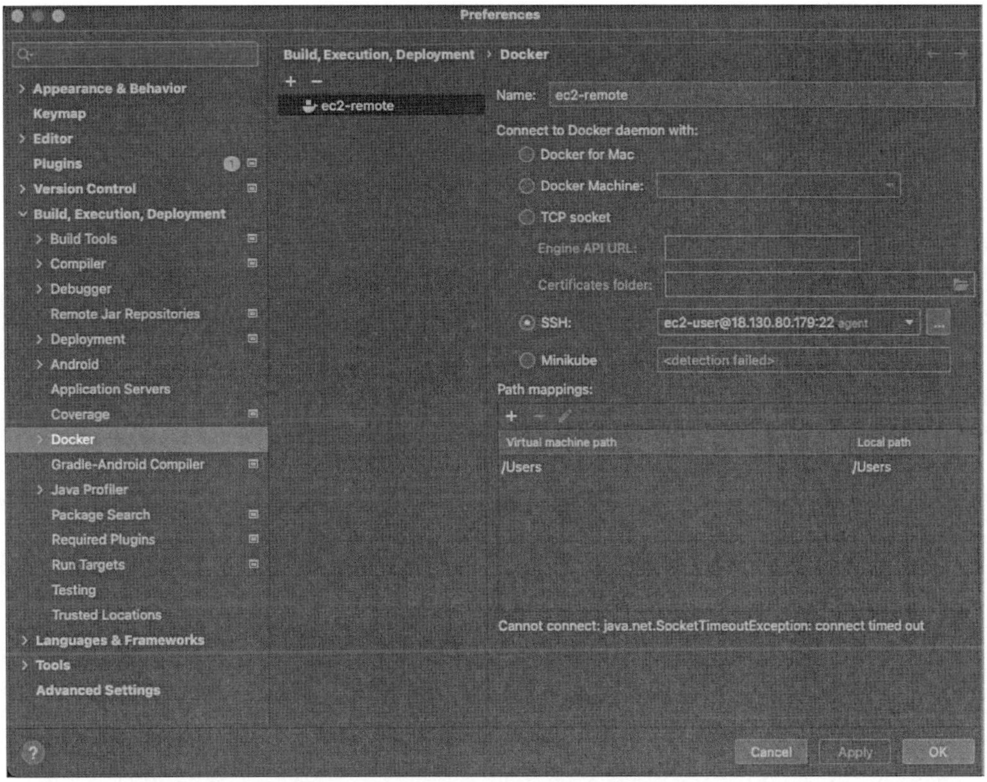

그림 10.3 – 도커 구성

다음으로, docker-compose.yaml을 가지고 있다면 지역적으로 실행할 수 있다.

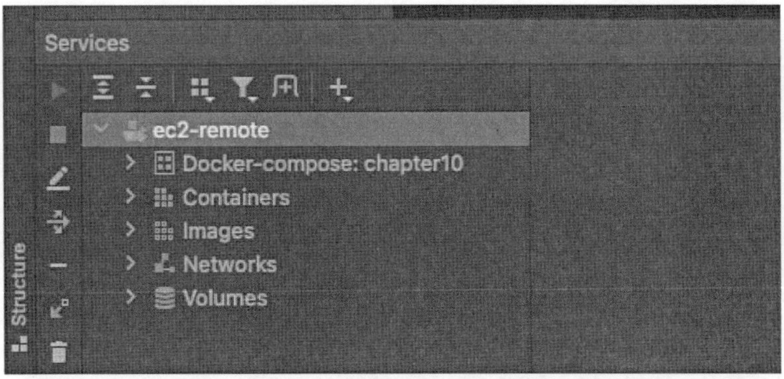

그림 10.4 Compose 실행

결과적으로, IDE에서 Compose 파일을 실행하면, 그것은 원격 호스트를 사용할 것이다.

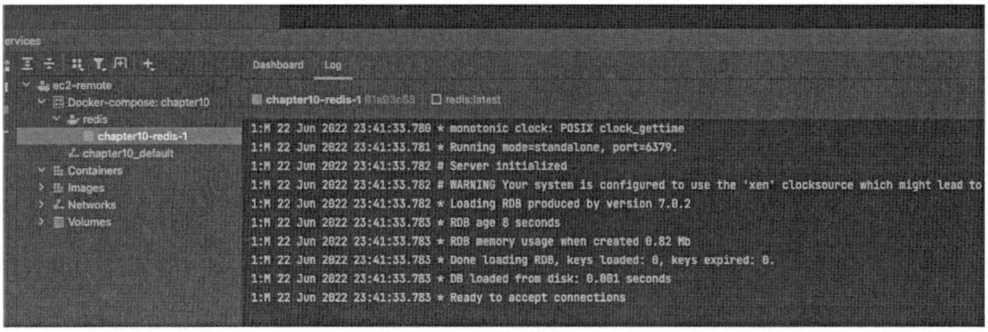

그림 10.5 – 로그

그러므로, 응용을 지역적으로 개발하는 것을 떠나서, 그것을 원격 호스트로 전개할 수 있고 다른 개발자들이 사용자의 진척 상황을 체크하는 것을 가능하게 해준다.

10.7 요약

이 장에서는 Compose 응용을 원격 서버로 전개하였다. 이는 원격 서버 자원을 활용하도록 해주고 사용자 응용을 원격 서버를 통해 공유하도록 해준다. 이렇게 함으로써 주어진 응용을 해당 서버로 전개하였다. 그러나, 이러한 방법은 Compose 응용을 제품으로 전개하는 적절한 방법은 아니다.

다음 장에서는 Compose 응용을 필요한 도구를 이용해 클라우드로 전개하여 그들이 제품으로 준비되도록 하는 방법을 배우게 된다.

CHAPTER 11

AWS에 대한 도커 Compose 전개

앞의 장에서 응용을 도커 호스트에 전개하였다. 원격 호스트로 전개하는 방식은 여러 방면으로 도움이 되며, 예를 들어 특정 응용을 다른 개인과 공유하거나 원격 호스트를 개발과 테스팅 목적으로 사용할 수 있다. 원격 호스트에 대한 전개는 제품으로 전개하는 문맥에 더 가까워진다. 제품 전개를 위해서는 응용에 대해 고도의 가용성, 보안성, 로드 밸런서를 통한 접근성이 필요하고 응용의 로그를 쉽게 접근하고 안전하게 저장할 수 있어야 한다.

이 장은 도커 Compose 응용을 제품으로 가져가는 방법을 기술한다. **ECS(Elastic Container Service)**는 AWS가 제공하는 컨테이너 오케스트레이션 서비스의 하나이다. ECS는 도커 Compose와 통합이 되므로 기존의 Compose 응용을 이용하여 ECS를 통해 전개되는 클라우드-네이티브 응용을 가질 수 있다.

도커 이미지를 AWS **ECR(Elastic Container Registry)**에 푸시를 해서 시작한다. 프로비전된 레지스트리로부터, 이미지 사용을 위해 기존의 Compose 응용에 약간의 수정을 가하고 AWS에 대한 도커 프로파일을 이용해 ECS로 전개한다. 응용을 전개하고 나면 프라이빗 네트워크 안의 기존 클러스터를 사용한다든지 확장이나 비밀 관리와 같은 고급 개념으로 진행할 수 있다.

이 장에서 논의할 토픽들은 다음과 같다.

- AWS ECS에 대한 소개

- AWS ECR상의 사용자 도커 이미지 호스팅
- ECS 클러스터에 대한 사용자 응용 전개
- 기존 클러스터에 대한 사용자 Compose 응용 실행
- ECS상의 고급 도커 Compose 개념

11.1 기술적 요구사항

이 책의 코드는 다음의 GitHub 저장소 `https://github.com/PacktPublishing/A-Developer-s-Essential-Guide-to-Docker-Compose`에서 구할 수 있다. 이 코드에 변경이 생기면 GitHub 저장소에 반영될 것이다.

AWS 자원을 명령어 라인을 통해 프로비전하기 위해 AWS CLI 도구를 `https://docs.aws.amazon.com/cli/lastest/userguide/getting-started-install.html`에서 설치해야 한다.

이 장에서는 Terraform plan이 사용될 것이다. Terraform을 사용자 시스템에 설치하기 위해서는 공식 문서(`https://learn.hashicorp.com/tutorials/terraform/install-cli`)의 지시를 따르면 된다.

11.2 AWS ECS에 대한 소개

ECS는 AWS가 제공하는 컨테이너 오케스트레이션 엔진이다. ECS를 이용해 컨테이너 응용을 전개, 관리, 확장할 수 있다. AWS에 의해 제공이 되므로 AWS 플랫폼의 나머지 부분과 통합이 된다. 응용을 ECS로 전개하면 응용의 노출을 위해 탄력적 로드 밸런서를 사용하게 되고, 응용의 실행을 위해 EC2 인스턴스들을 사용하게 될 것이며, 응용은 AWS VPC(Virtual Private Cloud)와 그 서브넷에 위치하게 된다. 응용의 로그는 CloudWatch를 통해 접근할 수 있다.

ECS는 AWS Fargate 옵션을 가지고 있다. AWS는 서버리스 컴퓨트 옵션을 가져 도커 부

하를 EC2 인스턴스를 관리할 필요 없이 자동확장 그룹으로 전개할 수 있다. 사용자의 부하가 낮은 오버헤드를 요구하는 형태로 작고 빈번하지 않은 요청과 용도를 가지고 있다면 Fargate가 좋은 혜택을 가진 솔루션이 될 수 있다. 여기서 사용하는 응용은 아직 프로토타입 단계이므로 이러한 응용을 위해 Fargate를 선택할 것이다.

좀 더 요구 부하를 가진 응용의 경우 또는 특정한 수요를 가진 부하의 경우 EC2와 자동확장 그룹을 가진 ECS를 사용할 수 있다. 예를 들어, 해당 응용이 CPU를 많이 사용한다면 컴퓨트에 최적화된 EC2 타입을 사용하는 자동확장 그룹을 생성하는 것이 상식적이다.

컨테이너를 지역적으로 사용하는 것은 쉽지만 이미지 분산과 같은 고려는 처음에는 등장하지 않을 것이다. 그러나 생성한 컨테이너를 사용하려면 그 컨테이너의 이미지를 분산시킬 필요가 있다. 레지스트리를 생성하고 프로비저닝하는 대신에 AWS는 컨테이너 레지스트리를 제공한다. 다음 절에서는 AWS-호스트된 컨테이너 레지스트리에 사용자 이미지를 푸시하게 될 것이다.

11.3 AWS ECR상의 사용자 도커 이미지 호스팅

앞에서는 나중에 도커 호스트에 저장되고 검색이 되는 Compose 응용에 대한 이미지를 구축하였다. 도커 이미지를 ECS 상에서 사용하려면 도커 이미지 레지스트리가 필수적이다. AWS 상에서 사용하는 레지스트리가 ECR이다. ECR을 사용하면, 그 레지스트리에 대한 접근을 구성했다면, 레지스트리로부터 이미지들을 넣거나 꺼낼 수 있고 도커가 설치된 어떤 워크스테이션이나 서버 상에서도 그들을 사용할 수 있다.

ECR은 완전하게 관리되는 컨테이너 레지스트리이다. 이것은 AWS **S3(Simple Storage Service)**에 의해 지원이 되는 고도의 가용 솔루션이므로 이미지는 다중 시스템을 통해 저장이 된다. 또한 이것은 이미지의 취약성을 스캐닝하는 기능도 가지고 있다. 관리된 컨테이너 레지스트리를 이용해 유지보수 부담을 줄이게 된다. 예를 들어, 서버를 프로비전하거나 스토리지 용량을 계획할 필요가 없어진다.

ECR의 다른 또다른 혜택은 AWS 서비스의 나머지 부분과 잘 결합이 되어있다는 것이다. ECS 서버나 Lambda 함수는, AWS IAM 권한을 가지고 있다면, 별도의 구성작업 없이 일관성있게 이미지를 꺼낼 수 있다.

ECR을 도커 레지스트리로 사용할 예정이므로 레지스트리를 프로비전해보기로 한다.

AWS CLI를 이용한 ECR 프로비전

AWS CLI를 사용하면 ECR의 프로비저닝은 한 라인이면 된다.

```
$ aws ecr create-repository --repository-name developer-guideto-
compose-ecr
{
    "repository": {
...
    " "repository"ri": "111111111111.dkr.ecr.eu-west-1.
amazonaws.com/ developer-guide-to-compose-e"r ",
...
    " "imageScanningConfigurat"on": {
        " "scanOnP"sh": false
        },
    " "encryptionConfigurat"on": {
        " "encryptionT"pe": "AES"56"
        }
    }
}
```

출력으로부터 약간의 가치 있는 정보를 얻을 수 있다. 예를 들어, `repositoryUri`는 사용자 이미지를 태그하기 위해 사용하고, `imageScanningConfiguration`은 활성화시 취약성 검사를 위해 이미지를 스캔하며, `encryptionConfiguration`은 푸시한 이미지가 암호화되는 방법을 알려준다. `repositoryUri`는 숫자 접두어를 가지고 있다. 앞의 예의 경우 `111111111111`이다. 이는 사용자의 AWS 계정 번호여야 하므로 다른 AWS 계정 사용시 다른 값이 될 것이다.

레지스트리를 명령어 라인에서 생성하였는데, Terraform을 이용해서 레지스트리를 생성할 수도 있다. 레지스트리를 다시 생성하기를 원한다면 우선 레지스트리를 삭제해야 함에 유의하라.

```
$ aws ecr delete-repository --repository-name developer-guideto-
compose-ecr
```

계속 진행하라. Terraform을 이용해 필요한 ECR을 프로비전할 것이다.

Terraform을 이용한 ECR 프로비전

앞장에서는 Terraform을 이용하여 많은 노력없이 인프라구조를 프로비전할 수 있었다. Terraform을 이용하여 도커 레지스트리를 생성할 수 있다.

ECR 레지스트리를 정의하는 방법은 다음과 같다.

```
resource "aws_ecr_repository" "developer_guide_to_compose_ecr"
{
    name                 = "developer-guide-to-compose-ecr"
    image_tag_mutability = "MUTABLE"

    image_scanning_configuration {
        scan_on_push = true
    }
}
```

이제 Terraform plan을 초기화할 수 있다.

```
$ AWS_ACCESS_KEY_ID=*** AWS_SECRET_ACCESS_KEY=*** AWS_DEFAULT_
REGION=eu-west-1 terraform init
```

다음으로 Terraform plan을 실행하기 위해 계속 진행한다.

```
$ AWS_ACCESS_KEY_ID=*** AWS_SECRET_ACCESS_KEY=*** AWS_DEFAULT_
REGION=eu-west-1 terraform apply
```

이러한 명령들은 Terraform 상태를 지역적으로 처리할 것이다. 그러나 공개적으로 전개되는 응용의 경우, 그리고 다양한 엔지니어들이 상태와 상호작용하거나 상태에 대한 인프라구조를 생성하므로, 상태를 저장하고 공유하는 더 좋은 방법을 원하게 된다.

Terraform 상태 파일의 저장

Terraform plan 명령어를 테스팅 목적으로 적용할 때 상태의 지역적 저장이 옵션이 될 수 있다. 그러나, 제품 사용의 경우, 상태는 다른 개별 사용자들이 접근할 수 있는 스토리지의 형태로 유지되어야 한다. 여기서는 Terraform 상태를 S3 버켓으로 저장할 것이다.

AWS 상에 버켓을 생성하기 전에 AWS 상의 버켓 명명 규칙에 유의할 필요가 있다. 버켓 이름은 모든 AWS 계정에 대해 유일해야 한다. 이는 사용자가 사용하려고 하는 이름과 동일한 이름의 버켓을 다른 AWS 계정에서 생성을 했다면, 동일한 이름의 지정이 가능하지 않으므로 다른 이름을 사용해야 함을 의미한다.

버켓을 생성해보기로 하자.

```
$ AWS_ACCESS_KEY_ID=*** AWS_SECRET_ACCESS_KEY=*** AWS_DEFAULT_
REGION=eu-west-1 aws s3api create-bucket --bucket developerguide-
to-compose-state --region eu-west-1 --create-bucketconfiguration
LocationConstraint=eu-west-1
$ AWS_ACCESS_KEY_ID=*** AWS_SECRET_ACCESS_KEY=*** AWS_DEFAULT_
REGION=eu-west-1 aws s3api put-bucket-versioning --bucket
developer-guide-to-compose-state --versioning-configuration
Status=Enabled
```

버켓이 생성되었으므로 Terraform을 구성해 상태 저장을 위해 그 버켓을 사용할 수 있다.

```
//provider.tf
terraform {
  required_providers {
    aws = {
      source = "hashicorp/aws"
      version = "~> 4.16"
    }
  }
  backend "s3" {
    bucket = "developer-guide-to-compose-state"
    region = "eu-west-1"
    key = "terraform.tfstate"
  }
  required_version = ">= 1.2.0"
}

provider "aws" {
  region = "eu-west-1"
}
```

버켓이 이미 S3 상에 생성이 되었으므로 그 이름이 예약이 된다. 사용자가 스크립트를 적용하는 경우, 사용자 버켓을 생성하기 전에 다른 버켓 이름을 선택해야 한다.

terraform apply를 실행하기 전에 수행하려는 변경이 사용자가 원하는 것인지를 확인할 필요가 있다. 사용자 인프라구조에 적용되는 변경을 사전에 살펴보려면 terraform plan을 사용할 수 있다.

```
$ AWS_ACCESS_KEY_ID=*** AWS_SECRET_ACCESS_KEY=*** AWS_DEFAULT_
REGION=eu-west-1 terraform plan
```

이제 수행하려는 변경을 확신을 가질 수 있으므로 Terraform plan을 적용할 수 있다.

```
$ AWS_ACCESS_KEY_ID=*** AWS_SECRET_ACCESS_KEY=*** AWS_DEFAULT_
REGION=eu-west-1 terraform apply
```

또한, 버켓에 대한 버전 생성을 활성화해서 혜택을 받을 수 있다. Git 공통 히스토리를 떠나서 버전 생성이 상태 변경의 히스토리를 얻을 수 있는 대안이 될 수 있다.

컨테이너 레지스트리가 생성이 되었으므로 계속 진행해서 이미지를 레지스트리에 푸시할 수 있다.

ECR에 대한 이미지 푸싱

레지스트리와 상호작용하기 전에 인증을 설정할 필요가 있다.

ECR을 인증하기 위해 AWS CLI를 사용할 것이다.

```
aws ecr get-login-password --region eu-west-1|docker login
--username AWS --password-stdin 111111111111.dkr.ecr.eu-west-1.
amazonaws.com
```

이는 레지스트리와 소통하기 위해 도커 클라이언트가 사용할 토큰을 생성할 것이다. 명령어의 첫 섹션에서 볼 수 있는 것처럼 토큰이 생성이 되고 파이프 뒤의 두 번째 세션에서 명령어의 출력이 앞서 생성한 레지스트리에 로그인하기 위해 사용이 된다.

이제 제대로 작동하는지 테스트할 수 있고 이미지를 레지스트리에 푸시한다.

```
$ docker tag nginx 111111111111.dkr.ecr.eu-west-1.amazonaws.
com/developer-guide-to-compose-ecr:ngnix
$ docker push 111111111111.dkr.ecr.eu-west-1.amazonaws.com/
```

```
developer-guide-to-compose-ecr:ngnix
f2089ca22bc1: Pushed
9e13ccef5ed0: Pushed
9dfe3def52f1: Pushed
7b11943dbe46: Pushed
80730baf8465: Pushed
5978b6b69f17: Pushed
ngnix: digest:
sha256:ec2290b7c5d15abb4b3384ad66a89e9c523a4668c057898f3114fa6
1df4a5586 size: 1570
```

Nginx 이미지를 태그했고 레지스트리에 푸시했다. 레지스트리를 이용해 사용자 이미지를 ECS와 같은 컨테이너 오케스트레이션 엔진과 공유할 수 있다.

Compose 응용 이미지의 적응

응용은 5장의 마이크로서비스 연결에서 생성한 Task Manger가 될 것이다. 이미지를 ECR에 푸시하기 위해 Compose 파일을 수정할 것이다.

각 서비스에 대한 이미지를 수정해야 한다.

```
services:
   location-service:
...
   image: 111111111111.dkr.ecr.eu-west-1.amazonaws.com/
developer-guide-to-compose-ecr:location-service_0.1
...
   event-service:
      image: 111111111111.dkr.ecr.eu-west-1.amazonaws.com/
developer-guide-to-compose-ecr:events-service_0.1
...
   task-manager:
...
   image: 111111111111.dkr.ecr.eu-west-1.amazonaws.com/
developer-guide-to-compose-ecr:task-manager_0.1
...
```

앞에서 생성한 이미지들은 사용자 워크스테이션이 실행되는 플랫폼에 종속적이다. ECS는 다양한 플랫폼을 지원할 수 있다. 이 경우 전개를 단순화하기 위해 `linux/amd64` 플랫폼을 선택할 것이다. 구축하기 전에 사용할 플랫폼을 명세해보기로 하자.

```
services:
  location-service:
    platform: linux/amd64
    ...
  event-service:
    platform: linux/amd64
    ...
  task-manager:
    platform: linux/amd64
...
```

이제 Compose를 이용해 이미지를 구축하고 푸시할 수 있다.

```
$ docker compose build --no-cache
$ docker compose push
```

여기서 --no-cache 옵션을 사용하였다. 이는 구축하려는 이미지가 사용자가 명세한 플랫폼 상에서 구축될지를 확인하기 위해 필수적이다. 또한, 이전의 구축에서 캐시된 어떤 이미지도 사용하지 않게 될 것이다. compose push를 사용함으로써 모든 사용자 이미지는 ECR 레지스트리에 푸시될 것이다.

이제 계속 진행해서 응용을 ECS 클러스터에 전개할 수 있다.

11.4 ECS 클러스터에 대한 사용자 응용 전개

ECS에 대한 전개는 일관성 있게 진행되나 AWS와 상호작용하고 자원을 프로비전할 수 있도록 AWS 인증정보를 사용할 도커에 대한 프로파일을 생성할 필요가 있다. 그러므로, AWS ECS 시나리오에 특정적인 도커 문맥을 생성할 필요가 있다.

```
$ docker context create ecs guide-to-compose
? Create a Docker context using: [Use arrows to move, type to filter]
> An existing AWS profile
```

```
    AWS secret and token credentials
    AWS environment variables
? Select AWS Profile [Use arrows to move, type to filter]
    default
> guide-to-docker-compose
Successfully created ecs context "guide-to-compose"
```

인증정보를 사용해 문맥은 인프라구조를 프로비전하거나 Compose 응용에 대한 인프라구조가 이미 존재하는지 평가하려고 시도할 것이다. 그러므로, AWS 프로파일 배후의 사용자/역할이 그러한 조치에 대한 충분한 권한을 가지는 것은 중요하다.

이면에서 Compose는 CloudFormation 템플릿을 생성하고 적용하여 응용의 실행에 편의를 제공할 필요 인프라구조를 프로비저닝할 것이다.

Compose에서 반출 기능을 가지고 있으므로 `convert` 명령어를 이용해 CloudFormation 템플릿을 검사할 수 있다.

```
$ docker --context=guide-to-compose compose convert
AWSTemplateFormatVersion: 2010-09-09
Resources:
  CloudMap:
    Properties:
      Description: Service Map for Docker Compose project aws
      Name: aws.local
      Vpc: vpc-8efaaceb
...
```

CloudFormation은 Terraform과 유사한 인프라구조의 코드화 솔루션이다. 예제 파일은 `https://github.com/PacktPublishing/A-Developers-Essential-Guide-to-Docker-Compose/tree/main/Chapter11/compose-cloudformation.yaml`에서 찾을 수 있다.

CloudFormation 템플릿을 적용하면 새로 정의된 인프라구조가 생성이 되거나 변경 여부에 따라 기존의 인프라구조가 삭제되거나 변경될 것이다. 본질적으로, 서비스와 Compose 응용을 통해 정의된 다양한 요소에 따라, CloudFormation 파일이 생성되어 다시 앞서 생성된 기존 스택에 적용이 될 것이다.

앞의 명령어에서 `context`를 명세했음에 유의하라. 10장의 원격 호스트를 이용한 도커

Compose 전개에서 본 것처럼 context를 영구적으로 설정할 수 있다. 이는 많은 관리적 조치를 수행하지 않으려는 편의적 목적을 위한 것이다. 그 대신 전개에 초점을 둔다.

이제 Compose 응용을 전개할 준비가 되었다.

```
$ docker --context=guide-to-compose compose -f compose.backup.
yaml up
⊞ LocationserviceService CreateComplete 56.0s
⊞ EventserviceService CreateComplete 76.1s
⊞ TaskmanagerTCP8080Listener CreateComplete 2.0s
⊞ TaskmanagerService CreateComplete 55.1s
...
```

이는 Compose 응용과 인프라구조를 생성할 것이다.

또한 CloudFormation으로 가서 응용의 진행을 검사할 수 있다(`https://eu-west-2.console.aws.amazon.com/cloudformation/home?rfilteringText=&viewNested=true&hideStacks=false#/stacks?filteringStatus=active&filteringText=&viewNested=true&hideStacks=false`).

응용이 생성되는 동안 진행과정을 볼 수 있다.

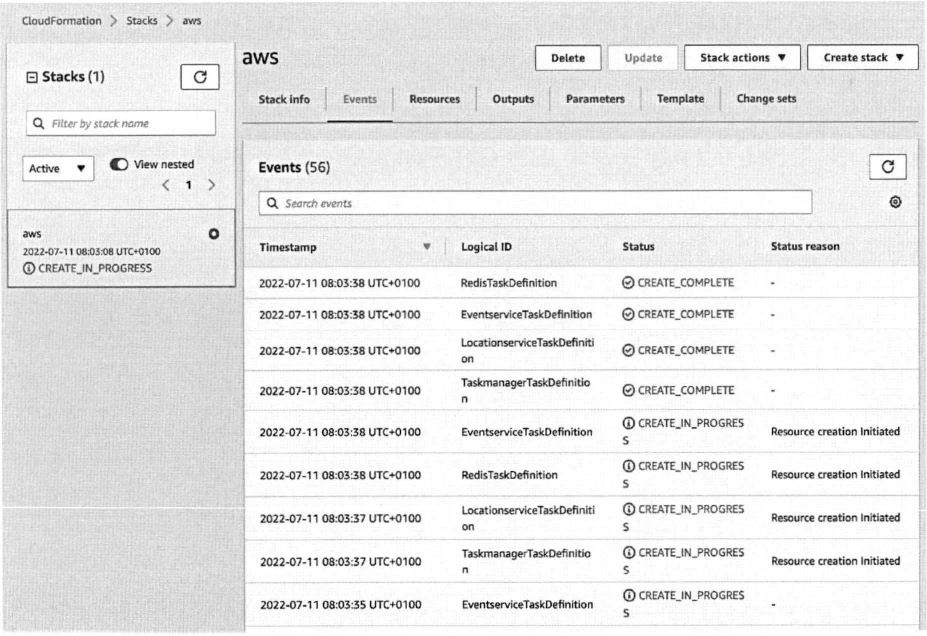

그림 11.1 – CloudFormation 진행 과정

그림에서 알 수 있는 것처럼 스택의 이름은 aws이다. 이는 Compose 전개가 사용하는 것과 동일한 이름을 사용하기 때문이다. 그러므로, 이 경우는 현재 위치하고 있는 디렉토리의 이름이 된다.

프로젝트 이름 플래그를 이용해 이를 변경할 수 있다.

```
$ docker --context=guide-to-compose compose -p guidetocompose
up
```

응용이 전개가 되면 docker compose ps를 이용해 실행중인 컨테이너를 검사할 수 있다.

```
$ docker --context=guide-to-compose compose ps
NAME                                              COMMAND
    SERVICE              STATUS                  PORTS
task/aws/337ff364e53e4a59b14bdaf65e4fe655          ""
    redis                Running
task/aws/6f08bff5e5ee42a0b2d9995124debd8c          ""
    location-service     Running
task/aws/bf76ab48000d49b38017e6b3b4d6b073          ""
    event-service        Running
task/aws/cea75425182c4e08ad571efcce0c82f2          ""
    task-manager         Running
aws-LoadBal-1Q44XRW9WNYF5-5fdfe7e98727ac85.elb.eu-west-1.
amazonaws.com:8080:8080->8080/tcp
```

그림에서 볼 수 있는 것처럼 포트를 노출시킨 Task Manger 응용이 실행중이고 DNS 엔트리를 통해 접근가능하다.

테스트 요청을 실행해보자.

```
$ curl aws-LoadBal-1Q44XRW9WNYF5-5fdfe7e98727ac85.elb.
eu-west-1.amazonaws.com:8080/ping
pong
```

목표를 달성했으므로 계속 진행해서 인프라구조를 삭제할 것이다.

```
$ docker --context=guide-to-compose compose -f compose.backup.
yaml down
```

AWS ECS에 Compose 응용을 전개하는 방법을 살펴보았다. 어떤 인프라구조도 프로비전 하지 않았는데 그 이유는 문맥을 통해 구성한 인증정보를 이용해 Compose에 의해 생성이 되었기 때문이다.

이것이 응용을 전개하는 한 방법이 될 수 있다. 그러나, 이 방법은 각 응용에 대해 하나의 새로운 클러스터를 생성해야만 한다. 이는 다양한 요금 문제를 일으킬 수 있고 유지보수 부담도 발생할 수 있으므로 응용을 실행할 최적의 방법은 아니다. 다음 절에서는 기존의 ECS 클러스터로 Compose를 전개할 것이다.

11.5 기존 클러스터에 대한 사용자 Compose 응용 실행

앞에서 ECS 도커 문맥을 이용해 ECS 상에서 Compose 응용을 실행하였다. 응용을 전개함으로써 새로운 인프라구조가 CloudFormation을 통해 프로비전이 되었고 전체의 새로운 ECS 클러스터가 응용을 위해 생성이 되었다.

시간을 들여 CloudFormation 파일을 검사해보면 다양한 AWS 컴포넌트가 생성이 된 것을 알 수 있다.

- VPC와 그 서브넷
- CloudWatch 로그 그룹
- 보안 그룹
- 로드 밸런서
- 서비스 발견을 위한 CloudMap
- ECS 클러스터
- ECS 태스크

디폴트로 CloudFormation은 사용자 AWS 계정에 이미 존재하는 디폴트 VPC와 서브넷을 사용할 것이다. 로드 밸런서, 보안 그룹, 서비스 발견을 위한 CloudMap도 생성이 되어야 하고 ECS 클러스터와 ECS 태스크도 생성이 되어야 한다. 그러한 응용들은 AWS Fargate로 전개가 된다.

이러한 자원들이 프로비전되는 것은 분명하고 그들의 설정에 대해서는 사용자가 아무런

통제권이 없다. 프라이빗 네트워크를 가져야 하는 비즈니스 유즈 케이스가 존재할 수 있다. 또한 보다 엄격한 출구와 입구 규칙을 원할 수도 있다.

Compose는 응용을 기존의 클러스터로 전개하고 이미 프로비전이 된 자원을 사용하는 옵션을 제공한다.

다음의 부속 절에서는 ECS 클러스터를 생성하고 기존의 인프라구조를 사용하도록 기존의 응용을 조정할 것이다.

인프라구조를 프로비전하기 위해 Terraform을 사용할 것이다.

로그 그룹 생성

응용에 대한 사용자 로그를 하나의 CloudWatch 그룹에서 유지하기를 원할 것이다. 그러므로, 사용자 응용에 전용인 로그 그룹과 로그 스트림을 생성할 것이다.

```
resource "aws_cloudwatch_log_group" "task_api" {
  name              = "/ecs/task-api"
}
resource "aws_cloudwatch_log_stream" "cb_log_stream" {
  name              = "tasl-log-stream"
  log_group_name = aws_cloudwatch_log_group.task_api.name
}
```

이제 아주 중요한 측면인 네트워킹으로 이동해 보기로 하자.

프라이빗 네트워크 생성

명세된 가용성 존을 통해서 확장이 되는 프라이빗 네트워크를 생성하여 가용성 존 마다 서브넷을 생성할 것이다.

VPC에 대한 Terraform plan은 다음과 같다.

```
resource "aws_vpc" "compose_vpc" {
  cidr_block = "172.17.0.0/16"
  enable_dns_hostnames = true
  enable_dns_support = true
}
```

위에서 알 수 있는 것처럼 VPC를 생성하고 `cidr_block` 값을 명세하였다. 또한, DNS 호스트 이름과 DNS 서포트를 활성화하였다. 이는 ECS 응용에 대해 매우 중요한데 그 이유는 서비스 간의 통신을 위해서는 이 옵션의 활성화가 필요하기 때문이다.

가용성 존 마다 서브넷을 생성해보기로 하자.

```
resource "aws_subnet" "private_subnet" {
  count = length(var.availability_zones)
  cidr_block          = cidrsubnet(aws_vpc.compose_vpc.cidr_
block, 8, count.index)
  availability_zone = var.availability_zones[count.index]
  vpc_id              = aws_vpc.compose_vpc.id
}
resource "aws_subnet" "public_subnet" {
  count = length(var.availability_zones)
  cidr_block          = cidrsubnet(aws_vpc.compose_vpc.cidr_
block, 8, length(var.availability_zones) + count.index)
  availability_zone = var.availability_zones[count.index]
  vpc_id              = aws_vpc.compose_vpc.id
}
```

`terraform` 명령어를 실행할 때 리전이 명세가 된다. 변수를 포함하는 파일 안에서 선택된 가용성 존을 가질 수 있다.

```
variable "availability_zones" {
  type = list(string)
  default = [ "eu-west-1a" ,"eu-west-1b" ]
}
```

사용자 응용은 인터넷에 대한 접근을 필요로 할 수 있다. 예를 들어, 여기서 생성한 ECR 레지스트리 상에 전개되지 않은 Redis 이미지를 사용할 수 있다. 인터넷에 대한 접근을 활성화하기 위해 인터넷 게이트웨이가 필요하고 인터넷 게이트웨이로 트래픽을 라우팅할 라우트 테이블을 명세할 필요가 있다.

```
resource "aws_internet_gateway" "internet_gateway" {
  vpc_id = aws_vpc.compose_vpc.id
}
resource "aws_route" "internet_route" {
```

```
  route_table_id         = aws_vpc.compose_vpc.main_route_
table_id
  destination_cidr_block = "0.0.0.0/0"
  gateway_id             = aws_internet_gateway.internet_
gateway.id
}
```

이는 퍼블릭 서브넷에 전개된 인스턴스들에 대해서는 작동할 것이다. 그러나, 이는 프라이빗 서브넷 상의 존재하는 인스턴스들에 대해서는 작동하지 않는다. 인터넷에 대한 연결성을 활성화하기 위해서는 NAT 게이트웨이를 사용해야 한다.

NAT 게이트웨이는 작동을 위해 퍼블릭 IP가 필요하므로 각 가용성 존에 대해 두 개를 생성한다.

```
resource "aws_eip" "nat_ips" {
  count      = length(var.availability_zones)
  vpc        = true
  depends_on = [aws_internet_gateway.internet_gateway]
}
```

NAT 게이트웨이는 각 퍼블릭 서브넷에 대해 설정이 될 것이다.

```
resource "aws_nat_gateway" "nat_gateway" {
  count           = length(var.availability_zones)
  subnet_id       = element(aws_subnet.public_subnet.*.id, count.
index)
  allocation_id   = element(aws_eip.nat_ips.*.id, count.index)
}
resource "aws_route_table" "private_route_table" {
  count  = length(var.availability_zones)
  vpc_id = aws_vpc.compose_vpc.id

  route {
    cidr_block     = "0.0.0.0/0"
    nat_gateway_id = element(aws_nat_gateway.nat_gateway.*.id,
count.index)
  }
}
```

마지막으로 프라이빗 서브넷에 대한 라우트 테이블 연관성을 정의한다.

```
resource "aws_route_table_association" "private_association" {
  count          = length(var.availability_zones)
  subnet_id      = element(aws_subnet.private_subnet.*.id,
count.index)
  route_table_id = element(aws_route_table.private_route_
table.*.id, count.index)
}
```

이것이 ECS 상에서 프라이빗 네트워크를 사용하도록 활성화해주고 네트워크 연결성을 가지도록 해주는 가장 중요한 부분이다.

보안 그룹

보안 그룹은 입구와 출구 트래픽을 허용한다. 완전한 보안 그룹 구성은 GitHub에서 찾을 수 있다. 중요한 매개변수의 하나는 두 Compose 서비스 간의 연결성을 활성화하는 것이다.

Compose 서비스 간의 입구를 활성화하기 위해서는 다음의 코드를 사용한다.

```
resource "aws_security_group_rule" "allow_services_
connectivity" {
  type                     = "ingress"
  from_port                = 0
  to_port                  = 0
  protocol                 = "-1"
  source_security_group_id = aws_security_group.compose_
security_group.id
  security_group_id        = aws_security_group.compose_
security_group.id
}
```

이러한 방식으로 Compose 서비스는 서로 통신할 수 있게 된다.

ECS 클러스터와 로드 밸런서의 구성

네트워킹 입구와 출구 규칙이 정해졌으므로 이제 로드 밸런서와 ECS 클러스터를 구성할 수 있다.

```
resource "aws_alb" "compose_alb" {
  name            = "guide-to-compose-load-balancer"
  subnets         = aws_subnet.public_subnet.*.id
  security_groups = [aws_security_group.lb.id]
}
resource "aws_ecs_cluster" "compose_ecs" {
  name = "guide-to-co mpose-ecs"
}
```

Compose 파일의 갱신

Compose 구성을 조정하여 기존 클러스터, VPC, 로드 밸런서를 사용할 수 있다.

```
x-aws-vpc: "vpc-0144f03210f0da8e5"
x-aws-cluster: "guide-to-compose-ecs"
x-aws-loadbalancer: "guide-to-compose-load-balancer"


services:
  location-service:
    ...
    logging:
      options:
        awslogs-group: "/ecs/task-api"
  redis:
    ...
    logging:
      options:
        awslogs-group: "/ecs/task-api"
  task-manager:
    ...
    logging:
      options:
        awslogs-group: "/ecs/task-api"
    links:
      - "redis:redis"
...
```

위에서 알 수 있는 것처럼 부하가 위치될 VPC, 사용자 응용의 컨테이너들을 오케스트레이트할 ECS 클러스터, 사용자 응용에 대한 진입 지점으로 사용될 로드 밸런서를 명세하였다. 이제 응용을 최근에 프로비전된 클러스터로 전개할 준비가 되었다.

기존 인프라상의 사용자 Compose 응용 실행

인프라구조를 프로비전하였고 기존의 인프라구조를 사용하도록 Compose 응용을 조정하였다. 인프라구조를 프로비전하는 명령은 이전과 동일하고 사용된 도커 프로파일은 앞서 사용한 것이 될 것이다.

```
Run the application:$ docker --context=guide-to-compose compose
-f ./compose.aws.yaml -p guidetocompose up -.d
```

응용 컨테이너를 체크한다.

```
$ docker --context=guide-to-compose compose -f ./compose.aws.
yaml -p guidetocompose ps
task/guide-to-compose-ecs/13ddf3ab03f146cc95b59005c308c5ad     ""
redis                   Running
task/guide-to-compose-ecs/af645c4f87ad4a9f8d3aac5fd313bdc5     ""
location-service        Running
task/guide-to-compose-ecs/d96338ba685a401394ba9d61b80238e6     ""
task-manager            Running                guide-to-compose-load-
balancer-1956561308.eu-west-1.elb.amazonaws.com:80:80->80/http
$ curl guide-to-compose-load-balancer-1956561308.eu-west-1.elb.
amazonaws.com:80/ping
```

드디어 성공하였다! 이제 사용자 응용이 Terraform을 이용해 정의한 ECS 클러스터를 이용한 프라이빗 네트워크 상에서 실행이 되고 있다.

인프라구조가 더 이상 필요하지 않을 경우 ECS 클러스터와 프로비전된 다른 자원을 잊지 말고 반납해서 추가 비용이 발생하지 않도록 해야 한다.

terraform destroy를 이용해서 이를 수행할 수 있다.

```
$ AWS_ACCESS_KEY_ID=*** AWS_SECRET_ACCESS_KEY=*** AWS_DEFAULT_
RECION=cu-west-1 terraform destroy
```

또는 AWS 콘솔을 방문해서 수작업으로 진행할 수 있다.

AWS 컴포넌트의 장점을 더 활용할 수 있으므로 ECS 상에 전개된 Compose 응용의 추가적인 고급 개념을 더 살펴볼 수 있다. 사용자 응용을 갱신하고 확장하며 시크릿을 구성하는 방법으로 이동하기로 하자.

11.6 ECS상의 고급 도커 Compose 개념

사용자 Compose 응용을 전용 VPC와 전용 ECS 클러스터에 전개하는 방법을 알아보았다. 이러한 방식이 사용자 응용과 사용자가 사용하는 자원에 대해 더 많은 제어권을 제공한다. 클라우드-네이티브 응용의 구축은 다양한 장점을 제공한다. 다운타임 없이 응용 갱신을 수행할 수 있고, 요구사항을 기반으로 응용을 튜닝하고 확장할 수 있으며, 시크릿을 효율적으로 관리하고 공유할 수 있다.

응용의 갱신

`docker compose up` 명령은 응용 갱신에 충분하다. 그러므로, 서비스를 스핀업하기 위해 사용되는 명령을 그것을 갱신하는데 사용할 수 있다.

Compose는 CloudFormation에 의해 지원이 되므로 갱신이 수행될 수 있으나 인프라구조의 특정 부분이 제거되거나 재생성이 되면 다운타임이 발생할 수 있다. 지속 갱신(rolling update)은 구성될 필요가 있다. 지속 갱신을 사용하면 서비스의 컨테이너 인스턴스들이 점진적으로 갱신된다. 이는 응용이 서비스 요청에 계속 대응하면서 컨테이너들이 한번에 하나씩 최신의 버전으로 갱신이 되도록 해준다. 응용의 확장이나 지속 갱신의 구성에 대해서는 좀 더 심도있게 들어가야 한다.

응용의 확장

응용이 오케스트레이션 엔진 상에서 전개되므로 서비스의 사본을 확장할 수 있다. Redis를 제외하고는 각 서비스의 2개 사본을 가지고 있을 것이고 지속 갱신을 구성할 것이다.

모든 서비스에 대한 확장 지시를 전달하기로 하자.

```
deploy:
  mode: replicated
  replicas: 2
  update_config:
    parallelism: 1
  delay: 10s
  order: start-first
```

사본의 증가에 의해 서비스는 2개의 인스턴스를 가지게 되고 ECS는 내부 로드 밸런싱을 처리할 것이다. 또한, update-config의 사용에 의해 한 서비스를 한번에 갱신하게 된다.

compose ps를 사용해 실행중인 도커 컨테이너들의 수의 증가를 확인할 수 있다.

```
$ docker --context=guide-to-compose compose -f ./compose.aws.
yaml -p guidetocompose ps
NAME
COMMAND                  SERVICE                    STATUS
PORTS
task/guide-to-compose-ecs/505c7b2c962642459a8b156c4c069f73     ""
redis                    Running
task/guide-to-compose-ecs/50c74375216842dba62fea2c19772e55     ""
location-service         Running
task/guide-to-compose-ecs/8b84d785dee14441bb4a3b1808b02419     ""
event-service            Running
task/guide-to-compose-ecs/ac84fe91790244d1836238a40890c54d     ""
event-service            Running
task/guide-to-compose-ecs/b42f9c9b18704dfb888f97112b343e0b     ""
task-manager             Running                    guide-to-compose-load-
balancer-1757643662.eu-west-1.elb.amazonaws.com:80:80->80/http
task/guide-to-compose-ecs/bcce928092294fc1bcc57875954307bc     ""
task-manager             Pending                    guide-to-compose-load-
balancer-1757643662.eu-west-1.elb.amazonaws.com:80:80->80/http
task/guide-to-compose-ecs/cfd3370bfb61467e9ec15a2a1fc0763c     ""
location-service         Running
```

사본의 수를 수작업으로 증가하는 대신에 자동 확장이 구성될 수 있다.

```
      deploy:
        mode: replicated
        replicas: 2
        update_config:
          parallelism: 1
          delay: 10s
          order: start-first
        x-aws-autoscaling:
          min: 2
          max: 3
          cpu: 75
```

드디어 성공하였다! 최소 2개의 사본을 가지고 있고 할당된 CPU의 75%를 넘어서 활용이 되면 3개로 확장될 것이다.

시크릿의 사용

시크릿(secrets)은 사용자 응용의 중요한 부분이다. 데이터베이스나 클라우드 자원에 대한 접근은 적절하게 구성이 될 필요가 있다. Compose는 시크릿을 생성하고 이들을 컨테이너에 마운트하는 옵션을 제공한다. 여기서는 Task Manager에 시크릿을 마운트할 것이다.

```
      secrets:
        - secret-file
      command:
        - /bin/sh
        - -c
        - |
          ls /run/secrets/secret-file
          /task_manager
networks:
  location-network:
  redis-network:
secrets:
  secret-file:
    file: ./secret.file.txt
```

또한 컨테이너의 command를 변경하여 task-manager 응용을 실행하기 전에 secret-file을 ls하여 시크릿이 제대로 마운트되었고 컨테이너 상에 존재하는지 확인한다. 디폴트로 시크릿은 /run/secrets/secret-name 상에 마운트된다.

콘솔을 체크하면 파일 경로가 프린트된다.

```
/run/secrets/secret-file[GIN-debug] [WARNING] Creating an
Engine instance with the Logger and Recovery middleware already
attached.
```

제품 환경에서는 시크릿은 매우 조심해서 처리될 필요가 있다. 시크릿으로 마운트된 지역 파일은 암호화할 필요가 있다. 시크릿을 암호화하고 초기화 도중에 전개되면 바로 해독할 수 있도록 KMS를 사용할 수 있다. 예를 들어, sops(https://github.com/mozilla/sops)는 KMS를 이용해 리포지토리 상에 시크릿을 안전하게 저장하는데 사용할 수 있는 도구이다.

11.7 요약

이장에서는 Compose 응용을 AWS 환경에서 전개하는 법을 다루었다. AWS 상에 컨테이너 레지스트리를 생성하고 도커 이미지를 그 레지스트리에 푸시하였다. 다음으로 응용을 ECS에 전개하고 사용자 응용을 위해 새로운 인프라구조 세트를 프로비전하였다. 다음으로 프라이빗 네트워크와 ECS 클러스터를 생성하였다. 사용자 Compose 응용은 프라이빗 네트워크의 보안의 장점을 가지고 인프라구조는 다른 Compose 응용을 위해 재사용 가능하다. 이는 Compose 파일을 수정하고 인프라구조를 사용할 수 있도록 명세하여 달성하였다. 다음으로 좀 더 고급 전개 개념으로 진행하여 자동 확장과 시크릿 저장을 다루었다. Compose 응용을 수정하여 ECS의 자동 확장 기능과 지속 갱신 기능의 장점을 누릴 수 있고 다중 응용들간에 사용자 시크릿을 공유할 수 있다.

다음 장에서는 Compose 응용을 다른 인기있는 클라우드 제공자인 마이크로소프트 Azure로 전개할 것이다.

CHAPTER 12

도커 Compose의 Azure에 대한 전개

앞장에서는 응용을 AWS에 전개하였다. 자동확장과 헬쓰 검사를 이용하여 응용을 전개하였고 DNS 도메인을 이용하여 응용에 접근하기도 하였다. 이장에서는 또다른 인기있는 클라우드 제공자인 Azure에 초점을 맞춘다. Azure는 인프라의 관리 필요없이 Compose 기반의 응용을 실행할 수 있는 이음새 없는 방법으로 **ACI(Azure Container Instances)**를 제공한다. ACI에 대한 전개는 간단하다. 우선 응용 이미지를 Azure 컨테이너 레지스트리에 푸시하고 다음으로 얼마 안되는 조작을 통해 응용을 Azure ACI에 전개할 것이다. ACI로의 전개의 경우 인프라 유지보수 부담도 줄어들고 Compose 구문의 단순성도 장점이다.

이 장에서 논의할 토픽들은 다음과 같다.

- ACI에 대한 소개
- Azure 컨테이너 레지스트리에 푸싱
- ACI상의 전개

12.1 기술적 요구사항

이 책의 코드는 다음의 GitHub 저장소 `https://github.com/PacktPublishing/A-Developer-s-Essential-Guide-to-Docker-Compose`에서 구할 수 있다. 이

코드에 변경이 생기면 GitHub 저장소에 반영될 것이다.

이 장에서는 Terraform plan이 사용될 것이다. Terraform을 사용자 시스템에 설치하기 위해서는 공식 문서(`https://learn.hashicorp.com/tutorials/terraform/install-cli`)의 지시를 따르면 된다.

또한 Azure 명령어 라인 인터페이스인 `az`가 설치되어야 한다. 설치 방법은 공식 문서(`https://docs.microsoft.com/en-us/cli/azure/`)에서 구할 수 있다.

12.2 ACI에 대한 소개

ACI는 마이크로소프트 Azure에 의해 제공되는 서비스 솔루션이다. ACI는 서버나 인프라구조를 관리할 필요없이 컨테이너를 전개할 수 있도록 해준다.

ACI의 혜택은 도커 오케스트레이션 엔진의 복잡도를 견딜 필요 없이 다중 컨테이너를 실행할 수 있게 하는 것이다.

그러나 ACI의 한계도 있다. 리전에 따라 CPU 최대 수(각 리전에 대해 4개 CPU)와 가용 메모리에 대한 제한이 있다. 이러한 제한에 대한 추가 정보는 문서(`https://docs.microsoft.com/en-us/azure/container-instances/container-instances-region-availability`)에서 찾을 수 있다. 다른 제약 사항은 컨테이너들에 대한 확장 기능이 없다는 사실이다(`https://docs.microsoft.com/en-us/azure/container-instances/container-instances-faq#how-do-i-scale-a-container-group`).

앞선 사항들에 대한 고려가 중요한데 해당 응용이 ACI에 적합한지 판단하는데 중요한 역할을 하기 때문이다. 여기서 다루는 응용의 경우, 전개가 용이하고 간단한 요구사항을 가지고 있어 ACI의 사용이 유리하다.

ACI로 전개하기 위해 ACI가 해당 이미지를 검색할 수 있도록 해주어야 한다. 레지스트리가 필요하므로 Azure가 제공하는 도커 레지스트리를 이용할 것이다. 다음으로 Azure 컨테이너 레지스트리를 생성할 것이다.

12.3 Azure 컨테이너 레지스트리에 푸싱

Azure 컨테이너 레지스트리는 전개 작업에서 중요한 역할을 한다. 여기서 사용하는 Azure 인프라구조와 함께 잘 통합된 범용적으로 접근가능한 레지스트리이다.

Azure 상에 자원을 생성하는 기본 단계는 자원 그룹 하에서 그들을 관리하는 것이다. Azure 자원 그룹은 응용에 필요한 모든 자원을 포함하는 컨테이너라고 생각하면 된다. 이것이 논리적으로 인프라구조를 분리하는 방법이다. 예를 들어, 자원 그룹의 삭제는 이 자원 그룹 하에서 프로비전이 된 자원의 삭제로 이어진다.

사용자의 Azure 컨테이너 레지스트리와 ACI는 여기서 프로비전하는 자원 그룹 안에 존재하게 된다. 이는 명령어 라인이나 Azure 포털 또는 Terraform을 이용해 수행할 수 있다.

Terraform을 이용한 자원 그룹의 추가는 다음과 같다.

```
resource "azurerm_resource_group" "guide_to_docker_compose_
resource_group" {
  name     = "guidetodockercompose"
  location = "eastus"
}
```

ACI의 경우 eastus가 다른 리전보다 더 많은 기능을 제공하고 제약이 적어서 이를 의도적으로 선택하였다.

자원 그룹이 준비가 되었으므로 레지스트리를 생성할 수 있다.

```
resource "azurerm_container_registry" "guide_to_docker_compose_
registry" {
  name                = "developerguidetocomposeacr"
  resource_group_name = azurerm_resource_group.guide_to_docker_
compose_resource_group.name
  location            = azurerm_resource_group.guide_to_docker_
compose_resource_group.location
  sku                 = "Basic"
  admin_enabled       = false
}
```

Terraform을 이용해 인프라구조를 프로비전하기 전에 Terraform이 Azure에 대한 인증을 수행할 수 있도록 명령어 라인을 통해 Azure에 대한 인증을 수행해야 한다. 한가지 방법은 Azure CLI를 통하는 것이다. Terraform의 Azure에 대한 인증은 서비스 프린시펄(service principal)이나 클라이언트 시크릿 또는 인증서를 통해 수행할 수 있다. 여기서는 단순성을 위해 az 명령어를 이용할 것이다.

az를 이용해 인증을 수행한다.

```
$ az login
A web browser has been opened at https://login.microsoftonline.
com/organizations/oauth2/v2.0/authorize. Please continue the
login in the web browser. If no web browser is available or if
the web browser fails to open, use device code flow with `az
login --use-device-code`.
[
    {
        ...
        "user": {
        "name": "john@doe",
        "type": "user"
        ...
        }
    }
]
```

로그인을 요청하는 브라우저 링크가 열릴 것이다. 로그인이 되면 az를 이용해서 명령을 실행할 수 있고 Azure 계정에서 Terraform 플랜을 실행할 수 있을 것이다.

사용할 명령어는 앞장에서 사용한 것과 동일하다.

```
$ terraform init
$ terraform apply
```

인프라구조가 프로비전이 되고 Terraform 상태가 지역 파일시스템에 호스트가 될 것이다. 그러나 Terraform 상태를 저장하고 다른 팀 멤버에게 배포하고 접근시 충돌을 방지하는 좀 더 편리한 방법이 존재한다.

Terraform 상태 파일의 저장

단순히 앞의 코드를 실행해 인프라구조의 상태가 지역적으로 저장될 것이다. 그러나 실제 제작에서는 이러한 방식은 권장되지 않는데, 그 이유는 상태가 여러 팀 멤버들이 접근할 수 있는 장소에 물리적으로 남아있어야 하기 때문이다. 이러한 목표 달성을 위해 Azure의 스토리지 계정을 이용할 것이다.

다중 자원 그룹을 생성할 수 있으므로 사용자 Terraform 플랜에 전용 스토리지 계정이 있을 것이다.

스크립트를 이용해 스토리지 계정을 생성해 보기로 하자.

```
#!/bin/bash
RESOURCE_GROUP_NAME=guide-to-docker-compose-tf
STORAGE_ACCOUNT_NAME=guidetodockercomposetf
CONTAINER_NAME=tfstate
az group create --name $RESOURCE_GROUP_NAME --location
northeurope
az storage account create --resource-group $RESOURCE_GROUP_NAME
--name $STORAGE_ACCOUNT_NAME --sku Standard_LRS --encryption-
services blob
az storage container create --name $CONTAINER_NAME --account-
name $STORAGE_ACCOUNT_NAME
```

이제 프로바이더를 변경해 상태가 스토리지 계정에 저장되도록 할 수 있다.

```
terraform {
  required_providers {
  azurerm = {
    source = "hashicorp/azurerm"
    version = "=2.48.0"
    }
  }
    backend "azurerm" {
      resource_group_name   = "guide-to-docker-compose-tf"
      storage_account_name  = "guidetodockercomposetf"
      container_name        = "tfstate"
      key                   = "terraform.tfstate"
    }
```

```
}
provider "azurerm" {
  features {}
}
```

ACI를 사용할 수 있는 기반을 설정하였다. 컨테이너 레지스트리는 물론 ACI 응용이 프로비전이 될 자원 그룹을 준비하였다. 이제 더 진행해서 사용자 응용이 ACI에 전개가 되도록 수정할 수 있다.

12.4 ACI상의 전개

컨테이너 레지스트리가 준비가 되었으므로 Compose 응용을 통해 구축할 도커 이미지를 이제 업로드할 수 있다. 컨테이너 엔드포인트는 Azure 계정 상의 레지스트리를 검사해서 검색할 수 있다.

레지스트리 엔드포인트는 developerguidetocomposeecr.azurecr.io/developer-guide-to-compose가 되어야 한다.

이제 Compose 파일을 수정하고 이름을 푸시하는 컨테이너 이미지로 설정할 수 있다.

```
services:
  location-service:
...
    image: developerguidetocomposeacr.azurecr.io/developer-
guide-to-compose:location-service_0.1
...
  event-service:
...
  image: developerguidetocomposeacr.azurecr.io/developer
guide-to-compose:events-service_0.1
...
  task-manager:
...
  image: developerguidetocomposeacr.azurecr.io/developer-
guide-to-compose:task-manager_0.1
```

이미지를 Azure 레지스트리의 전체 경로로 변경하면 전개에 더 가까워진다. 그러나, ACI의 특징으로 인해 좀 더 수정이 필요하다. 좀 더 구체적으로 보면, 응용이 사용할 수 있는 포트에 제한이 존재하며 가용한 자원과 관련해서도 제약이 있다.

한가지 작업은 포트에 대해 수행할 필요가 있다.

문서(https://docs.microsoft.com/en-us/azure/container-instances/container-instances-container-groups#networking)에 언급된 대로, "컨테이너 그룹안에서 컨테이너 인스턴스는 임의의 포트에 대한 localhost를 통해 서로 도달이 가능하며, 그 포트들이 그룹의 IP 주소상에 또는 컨테이너로부터 외부로 노출이 되어 있지 않더라도 가능하다".

Task Manager와 위치 서비스가 동일 포트를 가지면 충돌이 발생할 것이며 다음의 에러가 등장할 것이다.

```
listen tcp :8080: bind: address already in use
```

이를 해결하기 위해 Task Manager가 포트 80을 사용하도록 설정한다.

```
  task-manager:
      container_name: task-manager
      ...
      image: developerguidetocomposeacr.azurecr.io/developer-
guide-to-compose:task-manager_0.1
      ports:
          - 80:80
      environment:
      ...
          - TASK_MANAGER_HOST=:80
```

이러한 작업을 통해 포트 충돌을 피할 수 있다.

또다른 이슈는 일부 서비스의 준비 상태에 대한 것이다. event-service가 시작이 되면 바로 Redis 서비스를 접근하려고 시도할 것이며 이는 실패를 발생시킬 수 있다. 이 책의 저작 시점에 depends_on은 지원이 되지 않고 있다(https://docs.microsoft.com/en-us/azure/app-service/configure-custom-container?pivots=container-linux#unsupported-option).

이 이슈는 창의적인 방법으로 극복할 수 있다. event-service를 수정하고 Redis 스트림을 처리하고 있는 바이너리의 실행 전에 일부 sleep을 추가한다.

```
event-service:
  container_name: event-service
  ...
  command:
    - /bin/sh
    - -c
    - |
      sleep 120
      /events_service
```

이는 간단한 작업이다. 그러나, 코드 베이스를 변경하고 헬쓰 검사 수정을 포함하는 좀 더 효과적인 작업을 수행할 수도 있다.

해결해야 할 다음 이슈는 ACI의 자원 제약이다.

대부분의 리전에서 ACI는 4개 CPU로 제약을 한다. 디폴트로 서비스가 스핀업이 되면 서비스 마다 1개의 CPU가 할당이 된다. 여기서의 전개는 4개 이상의 서비스를 가지고 있으므로 실현이 불가능해진다.

이를 해결하기 위해 Compose 응용에서 컨테이너에 의해 사용이 되는 자원들을 수정할 것이다.

도커 Compose는 특정 서비스의 컨테이너들에 대한 자원 제한을 정의할 수 있도록 해준다. 가용 자원 옵션은 CPU와 메모리이다.

자원 섹션에서 `memory: 512M`와 같이 메모리를 정의하면 서비스의 컨테이너에게 512 MB까지 사용하도록 지시하게 된다.

자원 섹션에서 `cpu: 0.5`와 같이 CPU를 정의하면 서비스의 컨테이너에게 프로세싱 코어의 가용 시간의 절반만 사용하도록 지시하게 된다.

컨테이너가 사용할 자원을 정의할 때 `limits`와 `reservations`의 두 가지 옵션이 있다.

`limits`의 목적은 사용할 자원의 양을 제한하는 것이다. 이는 사용자 응용이 많은 요청을 받아 추가의 자원을 필요로 할 경우 할당된 자원은 명세된 limits에 의해 상한이 주어짐을 의미한다.

reservations를 사용해 사용자 응용이 기능을 발휘할 수 있는 최소 자원을 예약할 수 있다. 자원을 얻을 수 없으면 사용자 응용은 작동할 수 없다.

여기서의 응용의 경우 자원 제약으로 인해, 그리고 응용의 디폴트 설정이 제한값(서비스당 1 CPU)을 초과하므로 Compose에서 자원 구성을 사용할 것이다.

```
Setting cpu and memory limits:services:
  location-service:
  ...
    deploy:
      resources:
        limits:
          cpus: '0.5'
          memory: 512M
        reservations:
          cpus: '0.5'
          memory: 512M
  event-service:
    ...
    deploy:
      resources:
        limits:
          cpus: '0.5'
          memory: 1024M
        reservations:
          cpus: '0.5'
          memory: 1024M
  task-manager:
    ...
    deploy:
      resources:
        limits:
          cpus: '0.5'
          memory: 1024M
        reservations:
          cpus: '0.5'
          memory: 1024M
...
```

이제 이미지를 푸시해 응용에 대한 요청을 실행할 수 있다. 도커 이미지를 푸시하기 전에 최근에 생성된 Azure 레지스트리에 대한 인증이 필요하다.

우선 Azure에 로그인하고 다음으로 레지스트리에 로그인한다.

```
$ az login
$ az acr login --name developerguidetocomposeacr
```

이제 컨테이너 레지스트리에 대한 푸시가 가능하다.

빌드하고 푸시한다.

```
$ docker compose build --no-cache
$ docker compose push
...
Pushing location-service: cf8204bbc172 Pushing [============
========================================
==>] 557.8MB                                            265.5s
[+] Running 1/43ion-service: db60c013991c Pushed
                                265.5s
...
  Pushing event-service: 24302eb7d908 Pushed
                             269.7s
```

푸싱에 성공을 했으므로, 이제 도커가 Azure 상에 자원을 생성할 수 있도록 해주어야 한다.

```
$ docker login azure
```

Azure와 상호작용을 하기 위해 도커는 이러한 방식으로 인증정보를 검색할 것이다. 계속해서 앞서 생성한 Azure 자원 그룹과 상호작용할 도커 문맥을 생성한다.

```
$ docker context create aci guide-to-compose-azure
Using only available subscription : Pay-As-You-Go (c8ce802e-
f8d5-4634-b279-8d203a9c4882)
? Select a resource group [Use arrows to move, type to filter]
  create a new resource group
> guidetodockercompose (eastus)
```

이제 설정이 되었으므로 사용자 응용을 ACI로 전개할 수 있다.

```
$ docker --context=guide-to-compose-azure compose up
[+] Running 5/5
⊞ Group azure              Created                    10.1s
⊞ redis                    Created                    144.7s
⊞ event-service            Created                    144.7s
⊞ task-manager             Created                    144.7s
⊞ location-service         Created                    144.7s
```

docker compose ps를 사용해 응용에 대한 IP를 검색할 수 있다.

```
$ docker --context=guide-to-compose-azure compose ps
NAME                          COMMAND
SERVICE                     STATUS              PORTS
azure_event-service            ""                        event-
service      Running
azure_location-service         ""                        location-
service      Running
azure_redis                    ""                        redis
Running
azure_task-manager             ""                        task-
manager      Running                    20.237.67.76:80->80/tcp:80-
>80/TCP
```

포트를 Compose를 통해 노출해 ACI는 로드 밸런서를 설정하고 그 IP로부터의 요청을 사용자 서비스로 전달한다. 하나의 서비스만이 명세된 포트 번호를 노출할 수 있다.

여기서 알 수 있는 것처럼, 포트 80이 IP를 통해 노출되어 있다. 응용을 DNS 도메인을 통해 접근할 수 있도록 구성할 수도 있다.

```
services:
  task-manager:
    ...
    domainname: "developerguidetocompose"
```

응용을 compose up을 통해 갱신해서 서비스가 DNS를 통해 노출되도록 할 수 있다.

```
$ docker --context=guide-to-compose-azure compose up
...
$ docker --context=guide-to-compose-azure compose ps
...
azure_task-manager                   ""              task-
manager         Running                  developerguidetocompose.
eastus.azurecontainer.io:80->80/tcp:80->80/TCP
```

이제 사용자 응용을 DNS를 사용해 접근할 수 있다.

여기서 알 수 있는 것처럼, 이러한 작업을 통해 사용자 응용을 DNS를 통해 접근하도록 만들었다. 컨테이너를 Azure 컨테이너 레지스트리에 업로드했고 응용을 수정하고 ACI에 전개할 수 있도록 만들었다.

12.5 요약

이 장에서는 Compose 응용을 ACI에 전개하였다. Azure 상에 도커 레지스트리를 생성하고 도커 이미지를 레지스트리에 푸시하였다. 다음으로 인프라구조의 프로비전 작업 없이 응용을 ACI로 전개하였다. 실행될 응용에 일부 중요한 수정을 가하였고 DNS 도메인을 통해 응용을 테스트하였다. 지금까지 Compose를 2개의 주요 클라우드 제공자인 AWS와 Azure 상에 실행하는 방법을 그들의 컨테이너 오케스트레이션 엔진을 활용해 설명하였다.

다음 장에서는 또다른 오케스트레이션 엔진으로 인기를 끌고 있는 Kubernetes를 사용할 것이다. 기존 Compose 응용을 Kubernetes 응용으로 이주시킬 것이다.

CHAPTER 13

Compose를 이용한 쿠버네티스 구성으로의 이동

앞의 몇 개 장에서 Compose 응용을 2개의 클라우드 제공자 AWS와 Azure를 이용하여 프로덕션으로 전개하였다. 컨테이너 레지스트리와 VPC, 그리고 로드 밸런서와 같은 기타 클라우드 구성요소를 프로비전하였다. 클라우드-네이티브 응용을 생성하였고 클라우드에 의해서 제공이 되는 자동 확장이나 로드 밸런싱과 같은 특징의 이점을 보았다.

이 장에서는 Compose 응용을 인기 있는 컨테이너 오케스트레이션 엔진인 쿠버네티스로 이동하는 방법에 초점을 맞춘다. 지난 몇 년간 쿠버네티스의 인기는 많이 올라갔고 풍부한 유틸리티와 도구의 에코시스템을 가지고 있다. 오늘날 엔지니어가 쿠버네티스를 컨테이너 오케스트레이션 엔진으로 사용할 이유는 많다. 이것이 Compose의 사용과 쿠버네티스의 사용에 충돌을 일으키는 것은 아니다. Compose는 지역 개발 과정을 지원하는 가벼운 도구가 될 수 있고 쿠버네티스는 제작을 위한 선택이 될 수 있다. 이 장에서는 Compose에서 쿠버네티스로의 이전을 수행한다. Compose에 해당하는 쿠버네티스의 구성요소들을 식별하고 쿠버네티스 전개 정보를 생성하게 된다.

이 장에서 논의할 토픽들은 다음과 같다.

- 쿠버네티스에 대한 소개
- 쿠버네티스 구성요소와 Compose
- 파일 변환을 위한 Kompose 사용
- 미니쿠베 개요
- 쿠버네티스에 대한 전개

13.1 기술적 요구사항

이 책의 코드는 다음의 GitHub 저장소 https://github.com/PacktPublishing/A-Developer-s-Essential-Guide-to-Docker-Compose에서 구할 수 있다. 이 코드에 변경이 생기면 GitHub 저장소에 반영될 것이다.

13.2 쿠버네티스에 대한 소개

쿠버네티스는 컨테이너 오케스트레이션 엔진이다. 쿠버네티스를 이용해 전개, 확장, 컨테이너 기반 응용의 관리를 자동화할 수 있다. 쿠버네티스는 오픈소스이므로 쿠버네티스 클러스터를 스크래치로부터 온프레미스나 클라우드의 데이터센터에 설정할 수 있다. 또한 쿠버네티스 클러스터의 관리 대행 옵션도 존재한다. 높아지는 인기로 인해 AWS, Google Cloud, Azure와 같은 모든 주요 클라우드 제공자는 관리 대행 쿠버네티스 상품을 제공하고 있다.

한 응용을 쿠버네티스로 전개할 때, 해당 응용을 프로비저닝, 확장, 응용 모니터링을 지원하는 다양한 능력을 가진 환경으로 전개한다.

쿠버네티스는 응용 시크릿과 구성 정보를 저장하기 위한 분산 기반의 강건한 방법을 제공한다. 전개된 응용을 위한 헬쓰 검사와 준비 시스템을 제공한다. 프로비전된 응용을 확장할 수 있고 트래픽을 로드 밸런싱할 수 있다. 모니터링을 위한 도구는 물론이고 응용 디버깅을 위한 도구도 제공한다. 마지막으로, 서비스 발견에 대한 명명을 통해 서비스 통신을 위한 레이어를 제공한다.

이러한 점들을 고려하면 응용을 쿠버네티스로 전개할 경우 다음 사항들을 기대할 수 있다.

- 응용은 쿠버네티스 클러스터의 노드 상에 전개되어 실행되도록 스케쥴링될 수 있다.
- 응용은 전개시 정의되는 구성, 시크릿, 환경 변수를 사용한다.
- 쿠버네티스는 응용을 사용자가 정의한 응용 인스턴스들의 개수 만큼 확장한다.

- 쿠버네티스는 응용의 헬쓰와 준비도를 감시하고 응답이 없는 컨테이너를 교체한다.
- 쿠버네티스는 클러스터 내부에서 실행되는 다중 인스턴스들에 대한 사용자 응용에 대한 트래픽을 로드 밸런싱한다.
- 쿠버네티스는 응용들간의 트래픽을 허용하거나 금지함으로써 보안의 별도 레이어를 제공한다.
- 쿠버네티스는 서비스 발견 제공을 통해 사용자 응용이 수작업 관여 없이 클러스터를 통해 틈새 없이 다른 응용에 연결할 수 있도록 해준다.

이제 쿠버네티스와 사용자 응용에 대한 작동 방법에 대해 알게 되었으므로 쿠버네티스의 Compose 구성요소가 Compose에 대해 사용한 구성요소와 어떻게 부합이 되는지와 이동을 가능하게 하는 방법에 대해 알아보기로 하자.

13.3 쿠버네티스 구성요소와 Compose

교재의 Compose 응용은 간단하지만 자세히 살펴보면 특정 구성요소들을 가지고 있다. 이 구성요소들은 그에 해당하는 쿠버네티스 구성요소를 가지고 있다.

Compose 응용 대 네임스페이스

11장의 AWS에 대한 도커 Compose 전개에서 본 것처럼 ECS 클러스터는 다중 Compose 응용을 호스트할 수 있다. 교재의 Compose 응용은 ECS 클러스터 상에 프로비전하는 자원을 그룹짓는 방법을 제공한다. 쿠버네티스에서는 이 작업이 네임스페이스를 통해 수행된다. 네임스페이스는 논리적으로 분리되어 있는 상이한 응용들이 하나의 클러스터를 공유하도록 도와줄 수 있다.

Compose 서비스 대 쿠버네티스 서비스

Compose 명세에서는 서비스가 하나 이상의 컨테이너에 의해 지원이 되는 단일 서비스의 문맥을 표현한다. 이미 알고 있는 것처럼, 서비스를 정의할 때 기반이 되는 컨테이너의 이름을 구성할 수 있다.

쿠버네티스에서 동일한 작업은 쿠버네티스 포드(Pods), 디플로이먼트(Deployments), 서비스(Services)의 조합으로 진행된다. 쿠버네티스상의 포드(Pod)는 쿠버네티스에 전개될 수 있는 컴퓨팅의 최소한의 전개가능 단위이다. 포드를 쿠버네티스에 전개할 때, 단일 컨테이너가 쿠버네티스의 한 노드(Node)에 대해 주어진 구성과 더불어 전개될 것이다. 이것은 사용자가 만든 전개의 단일 인스턴스로 디플로이먼트로 이어진다.

쿠버네티스의 디플로이먼트(Deployments)는 응용을 정의하는 선언적 방법으로 응용을 구성하는 포드를 명세하고 포드가 가질 수 있는 복제본의 수를 명세한다. 복제본의 개념은 이미 소개하였으므로 로드 밸런싱이 식별해야할 다음의 논리적 단계이다.

쿠버네티스 서비스(Services)는 디플로이먼트의 포드를 접근하는 추상적인 방법을 제공한다. Compose에서 DNS와 같은 서비스 이름을 이용해 직접 서비스에 접근할 수 있다. 쿠버네티스에서는 쿠버네티스 클러스터 내부에 이러한 추상화를 제공하는 서비스를 정의할 필요가 있다. 서비스는 응용의 포드들과 상호작용할 수 있는 단일 DNS 이름을 제공한다. 또한, 서비스를 이용해서 트래픽이 디플로이먼트의 포드를 통해 로드 밸런싱이 된다.

라벨

Compose에서는 라벨, 즉 Compose 구성요소에 부착되는 키/값 쌍을 사용할 수 있다. 라벨은 서비스, 이미지, 그리고 Compose 응용에서 정의된 모든 자원에 추가될 수 있다. 라벨을 통해 메타데이터를 Compose 구성요소에 부착할 수 있다. 쿠버네티스도 동일한 라벨 개념을 가지고 있으며 한 단계 더 나아간다. 쿠버네티스에서 라벨은 메타데이타 정보의 일부 타입으로만 제한되지 않는다.

라벨은 쿠버네티스의 모든 구성요소에 부착될 수 있다. 쿠버네티스의 라벨을 중요하게 만드는 이유는 그 용도에 있다. 라벨을 통해 하나의 서비스는 트래픽을 전달할 포드를 식별할 수 있다. 라벨을 통해 쿠버네티스 포드간에 진입과 진출을 허용하는 규칙을 정의할 수 있다.

Compose 네트워크 대 네트워크 정책

Compose에서는 서비스간의 통신 링크를 표현하는 네트워크를 가지고 있다. 네트워크 정의 없이 Compose 응용을 생성하면 모든 서비스가 동일한 네트워크 상에 존재하게 된다. 이러한 방식으로 모든 서비스는 서로 간에 통신을 할 수 있다. Compose 상에 통신할 서비스들에 대한 네트워크를 정의하면, 그들은 동일한 네트워크상에 존재할 필요가 있다. 쿠버네티스에서는 이러한 작업이 NetworkPolicy를 통해 이루어진다. 네트워크 정책을 정의해서 IP 블록, 네임스페이스 매처, 포드 선택기를 이용한 진입 및 진출 규칙을 명세할 수 있다.

라벨은 여기서 중요한 역할을 하는데, 라벨만으로 포드간의 트래픽을 라우팅할 수 있기 때문이다. 다른 한편으로, 상이한 네임스페이스 상에 위치한 쿠버네티스 클러스터 상의 다중 응용들간의 통신 설정을 원할 수도 있으므로 트래픽 라우팅은 네임스페이스 선택기를 통해서도 정의될 수 있다.

이제 Compose 구성요소와 이에 대응하는 쿠버네티스의 구성요소들을 살펴보았으므로 기존 Compose 응용을 쿠버네티스 응용으로 변환하는 방법을 알아보기로 하자.

13.4 파일 변환을 위한 Kompose 사용

기존의 Compose 응용을 쿠버네티스로 변환하는 작업은 어렵지 않아야 한다. Compose 응용은 훨씬 단순한 구조를 가지는 반면 쿠버네티스 전개는 다양한 특징과 능력을 가지고 있으므로 훨씬 복잡할 수 있다.

유즈 케이스로서 5장 마이크로서비스 연결에서 구축한 응용을 선택하기로 하자. Compose 파일을 일부만 수정해 사용할 것이다.

Compose 응용을 동등한 쿠버네티스 자원으로 수작업으로 변환하는 옵션이 존재한다. 대안적으로, Kompose와 같은 도구를 사용할 수 있다. Kompose를 사용해 Compose 응용을 사용자 응용에 대해 필요한 동등한 쿠버네티스 자원으로 변환할 수 있다.

Kompose의 설치는 쉽다. 단지 https://kompose.io/installation/의 지시를 따르면 된다.

변환 작업을 시작하기 전에 사용자 응용을 일부 수정할 필요가 있다.

Kompose가 필요로 하는 것의 하나는 Compose 파일의 버전이다.

```
version: '3'
```

Compose 서비스의 또다른 중요한 부분은 포트의 노출이다. 포트의 노출을 통해 Kompose가 전개 상의 노출에 필요한 포트를 식별하도록 해줄 수 있다.

Compose에서는 포트를 노출할 경우 ECS나 Azure에 전개될 수 있도록 퍼블릭 포트로 변환을 해준다.

쿠버네티스에서는 전개상의 포트 노출을 도커파일 상의 EXPOSE처럼 문서화한다. 쿠버네티스의 포드를 내부적으로 로드 밸런싱된 형태로 노출하려면 하나의 서비스(Service)가 필요하다.

포트를 Redis에 추가하기로 하자.

```
services:
  redis:
    image: redis
    networks:
      - redis-network
    ports:
      - 6379: 6379
...
```

이제, 포트를 위치 서비스에 추가하자.

```
services:
  location-service:
  ...
    ports:
      - 8080:8080
  ...
```

또다른 수정 필요 사항은 헬쓰 검사의 start_period에 대한 것이다. 쿠버네티스에서는 헬쓰 검사의 문맥은 물론이고 준비 상태 프람트의 문맥이 존재한다. 헬쓰 검사가 언제 시작될 지를 기다리는 대신에 언제 응용이 준비가 되고 언제 헬쓰 검사가 시작되야 하는 지를 식별하기 위해 준비 상태 프람트가 제공이 된다.

그러므로, 헬쓰 검사를 가진 응용은 다음과 같이 수정이 되어야 한다.

```
healthcheck:
  test: ["CMD", "curl", "-f", "http://localhost:8080/ping"]
  interval: 10s
  timeout: 5s
  retries: 5
  start_period: 5s
```

이제 파일을 생성할 준비가 되었다.

```
$ kompose convert
```

Compose 파일이 존재하는 동일 디렉토리에서 실행이 된다면 파일이 생성되는 것을 확인할 수 있다.

이 파일들은 검사해보면 3개의 상이한 타입들을 볼 수 있다.

- Deployment
- Services
- Network policies

사용자 응용과 구성의 내용은 디플로이먼트 파일에 존재한다.

task-mamager-deployment.yaml 파일을 조사해보면 환경 변수와 그에 해당하는 헬쓰 검사가 거기 있다는 것을 확인할 수 있다. 또한 포트가 노출된 점에 유의하라.

조사할 다음 파일은 서비스이다. 수정 없이 서비스 이름 하에서 응용에 도달이 가능한 Compose와 달리 쿠버네티스에서는 서비스를 그 앞에 배치해서 DNS 이름을 통한 트래픽 라우팅이 일어나도록 해야 한다.

다음으로 네트워크 정책을 볼 수 있다. 쿠버네티스에 네트워크 플러그인이 설치가 되었다면 그 라벨에 따라 다른 포드로부터 트래픽 진입이 허용이 된다.

Redis와 위치 네트워크 정책 모두 포드 간의 진입은 포드 라벨을 이용해 라우팅이 된다.

이제, 응용을 쿠버네티스 클러스터로 전개하기로 하자.

13.5 미니쿠베 개요

쿠버네티스 전개를 지역적으로 실행하고 테스트하는 방법은 미니쿠베(Minikube)를 통해 제공이 된다. 미니쿠베는 사용자 쿠버네티스 응용을 전개하고 테스트할 수 있는 지역 쿠버네티스 엔진이다.

미니쿠베는 완전히 작동 가능한 쿠버네티스 클러스터가 아니므로 가용성이 높은 마스터 노드들과 일부 노드 그룹들이 부착된 상태에서 테스트할 수 있는 정도로 제한이 된다. 예를 들어, 사용자 워크로드의 증가에 따라 기반 노드 그룹을 확장할 수도 없고 사용자 응용의 전개를 다른 가용성 존으로 확장할 수도 없다. 그러나 여기서 필요한 응용의 측면은 모두 커버를 한다.

사용자 워크스테이션 인스턴스를 기반으로 해당 설치 명령을 확인할 수 있다(`https://minikube.sigs.k8s.io/docs/start/`).

미니쿠베가 설치되어 있고 새로운 시작을 원한다면 이전의 컨테이너를 삭제하고 새로운 컨테이너를 시작할 수 있다.

```
$ minikube stop && minikube delete
```

네트워크 정책은 네트워크 플러그인을 필요로 한다. 이러한 방식으로 규칙이 유효하게 적용이 되고 서비스가 서로 통신하거나 금지되도록 할 수 있다. 디폴트로 미니쿠베는 허용된 네트워크 플러그인을 가지고 있지 않다. 네트워크 정책이 유효하도록 Calico를 사용한다.

미니쿠베를 시작시키기로 하자.

```
$ minikube start --network-plugin=cni --cni=calico
```

macOS에서 실패가 발생하면 다음과 같은 에러 메시지를 보게 될 것이다.

```
You might also need to resize the docker driver desktop.
```

이 경우, 도커 데스크탑 구성의 디스크 이미지 크기를 재조정하면 도움이 될 것이다.

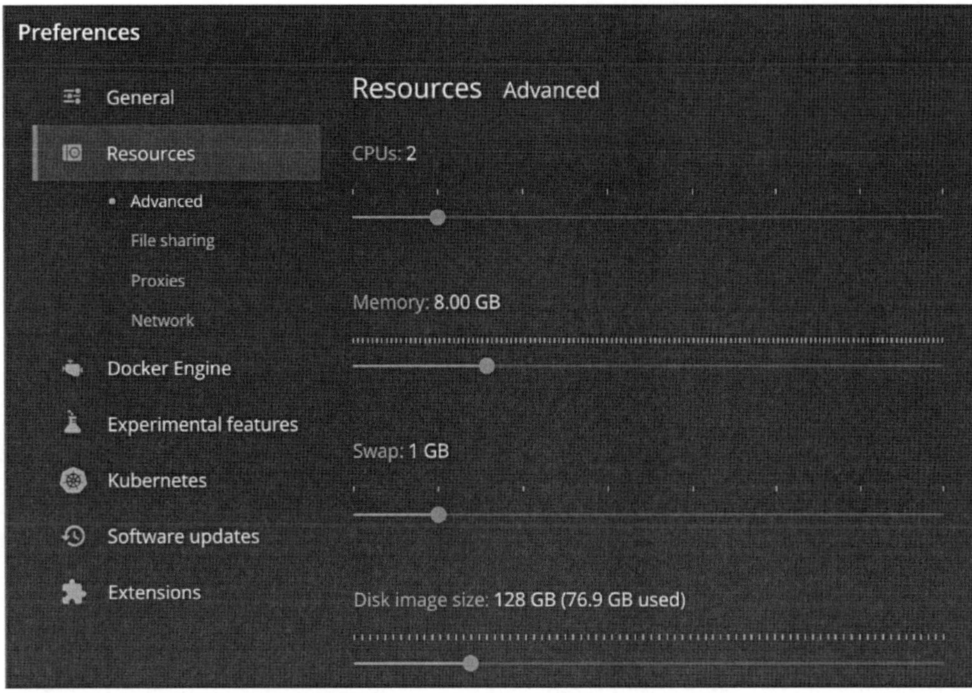

그림 13.1 – 디스크 이미지 재조정

전개를 적용해 미니쿠베를 테스트하기로 하자.

```
$ kubectl create deployment nginx --image=nginx
deployment.apps/nginx created
$ kubectl get pod
NAME                          READY     STATUS      RESTARTS
AGE
nginx-8f458dc5b-z2ctk         1/1       Running     0
55s
```

이제 생성된 파일을 설치할 수 있다. 다음 단계는 쿠버네티스 상에서 완전하게 동작하는 Task Manager를 가지는 것이다.

13.6 쿠버네티스에 대한 전개

이 쿠버네티스 디플로이먼트와 더불어 사용자 응용의 이동 목표에 좀 더 가까워졌다. 그러나, 한가지 더 필요한 사항이 남아있으며 이는 이미지를 레지스트리로부터 꺼내오는 것이다. ECS와 ACI에서 본 것처럼 컨테이너 오케스트레이션 엔진이 레지스트리로부터 이미지를 접근할 수 있는 방법이 필요하다. 미니쿠베를 사용하므로 레지스트리를 프로비전할 필요는 없다.

사용자 이미지를 구축해서 지역 미니쿠베 레지스트리에 전개할 수 있다. 이를 위해 사용자 구축 연산을 미니쿠베 지역 레지스트리로 향하도록 해야 한다.

이 작업은 미니쿠베의 docker-env 명령어를 통해 수행할 수 있다.

```
$ eval $(minikube docker-env)
```

이제 이 이미지들을 그 레지스트리를 향해 구축하고 전개하기로 하자.

```
$ docker compose build
```

앞서 생성한 파일들의 적용이 이제 연속으로 전달이 되어야 한다.

Redis 전개와 함께 시작해보기로 하자.

```
kubectl apply -f redis-deployment.yaml
kubectl apply -f redis-service.yaml
kubectl apply -f redis-network-networkpolicy.yaml
```

Redis가 업이 되어 실행이 되므로 다음으로 다루게 될 구성요소는 Event Service이다. Event Service가 갖는 종속성은 Redis 뿐이다.

```
kubectl apply -f event-service-deployment.yaml
```

Redis에 종속된 다음 Service는 위치 서비스이다.

```
kubectl apply -f location-service-deployment.yaml
kubectl apply -f location-service-service.yaml
kubectl apply -f location-network-networkpolicy.yaml
```

최소한은 아니지만 마지막으로 Task Manager를 전개하기로 하자.

```
kubectl apply -f task-manager-deployment.yaml
kubectl apply -f tas k-manager-service.yaml
```

이 지점에서 사용자 응용은 쿠버네티스에 완전히 전개가 될 것이다.

Task Manager 포트를 전달하기로 하자.

```
$ kubectl port-forward svc/task-manager 8080:8080
```

사용자 응용이 업이 되어 실행이 되므로 curl을 이용한 요청을 실행하여 태스크를 생성하기로 하자.

```
$ curl --location --request POST '127.0.0.1:8080/task/' \
--header 'Content-Type: application/json' \
--data-raw '{
    "id": "8b171ce0-6f7b-4c22-aa6f-8b110c19f83a",
    "name": "A task",
    "description": "A task that need to be executed at the
timestamp specified",
    "timestamp": 1645275972000,
    "location": {
        "id": "1c2e2081-075d-443a-ac20-40bf3b320a6f",
        "name": "Liverpoll Street Station",
        "description": "Station for Tube and National Rail",
        "longitude": -0.081966,
        "latitude": 51.517336
    }
}'
{"created":true,"message":"Task Created Successfully","tas
k":{"id":"8b171ce0-6f7b-4c22-aa6f-8b110c19f83a","name":"A
task","description":"A task that need to be executed at the
timestamp specified","timestamp":1645275972000,"location":{"
id":"1c2e2081-075d-443a-ac20-40bf3b320a6f","name":"Liverpoll
Street Station","description":"Station for Tube and National
Rail","longitude":-0.081966,"latitude":51.517336}}}
```

구성을 약간 수정해 네트워크 정책이 작동하는지 확인할 수 있다.

이제 deny-all 네트워크 정책을 적용하기로 하자.

```
$ kubectl create -f - <<EOF
kind: NetworkPolicy
apiVersion: networking.k8s.io/v1
metadata:
  name: deny-all
spec:
  podSelector:
    matchLabels: {}
EOF
```

Redis 네트워크 정책을 삭제하면 포드로부터 더 이상 Redis 데이터베이스에 접근할 수 없다.

```
$ kubectl delete - ./redis-network-networkpolicy.yaml
```

이제 성공하였다! 사용자 응용을 쿠버네티스로 이동한 것이다! Compose 서비스가 디플로이먼트로 쿠버네티스 서비스와 함께 그 앞에서 실행이 되고 있고 네트워크 정책 규칙이 유효하게 적용이 되고 있다.

13.7 요약

이 장에서는 쿠버네티스와 일부 기본적 구성요소들, Compose 응용의 구성요소에 해당하는 쿠버네티스 구성요소를 소개하였다. 다음으로 Compose 응용을 사용자 응용의 작동을 위해 요구되는 필요 쿠버네티스 자원으로 이동하였다. 이를 위해 Kompose를 사용하여 쿠버네티스 파일의 생성을 연속적으로 수행하였다. 다음으로 네트워크 플러그인 Calico를 포함하여 미니쿠베를 설치하였다. 미니쿠베를 업해서 실행을 하면 사용자 응용을 전개하고 테스트할 수 있다.

지금까지 Compose를 다양한 상황에서 집중적으로 사용해왔다. 일상적인 전개, 제품 전개의 테스팅, 쿠버네티스 전개의 구현에 사용하였다. 이 지점에서 독자들은 사용자의 일상적 작업을 생산적으로 수행하기 위해 Compose를 확신을 가지고 사용할 수 있을 것이다.

저자는 여러분이 이 책을 선택한 것에 대해 감사한다. 이제 이렇게 새로 습득한 지식을 어디에서 어떻게 활용할 것인지는 여러분에게 달려있다. 여러분의 새로운 클라우드-네이티브 응용이 될지, CI/CD 작업을 위한 환경이 될지, 여러분의 팀을 위한 지역 환경이 될지는 여러분의 선택이다.

이제 끝이다! 여기가 이 책의 마지막이다. 앞으로 나가서 놀라운 것들을 구축해보기 바란다.